MP3무료 다운
English Usage

유창한 영어회화

초간단

영어
표현

생활편

224개 문장으로 배우는

생활영어 표현

224

◊Digis

Vol. 2와 다시 한번
사랑에 빠져봐요~~

머리말

이 책을 펼치신 분은 이미　초간단 영어표현 처음편을 끝마친 학습자일 것입니다.
그렇기에 여러분은 영어의 소중함과 그 가치를 알고 있으리라 확신합니다.
이제 여러분은 영어의 기초단계를 지나, 서툴지만 영어를 사용할 수 있는 단계 에 접어들
었습니다. 자신을 가지십시오.
이제부터는 이미 학습했던 표현들을 반복하며 사용해보고, **생활편**에서 나오는 새로운 표
현들을 익히면서 학습해 나가야 할 때입니다. 그렇게만 한다면 이 책을 끝마칠 때쯤이면
한층 업그레이드 된 자신의 영어실력 에 놀라움과 기쁨을 갖게 될 것입니다.

생활편에서는 반복과 학습을 동시에 진행하게 됩니다.
배웠던 표현들을 되새기며 다시 한 번 익혀보고, 비슷한 상황에서 만날 수 있는 표현들을
새로이 접하면서 영어를 내 것으로 만들게 됩니다.
영어는 물론이요, 모든 외국어 학습은 반복과 새로움을 익히는 것이 적절히 조화가 되어
야 학습효과가 높습니다. 그러므로 **처음편**을 끝냈다고 방 한쪽에 던져 두지 마시고, 같은
상황의 파트를 학습할 때 다시 한 번 펼쳐보는 습관 을 들이십시오. 10분이라는 잠시의 반복
이 여러분의 머릿속에는 오래도록 기억되는 자양분이 될 것입니다.

끝으로, 이 책을 통하여 여러분이 영어학습에 흥미를 가지고 실제 상황에서 회화를 구사
할 수 있기를 진심으로 바랍니다.

영어교육 연구팀

CONTENTS Vol. 2

CONTENTS Vol. 2

이 그림을 보니 뭐가 생각나.
깜빡 잊었어요.
전혀 모르겠는데요.
혀 끝에서 빙빙 돌 뿐 기억이 안 나요.
저도 모르기는 마찬가지입니다.

그가 나에게 한 짓이 믿어지지가 않아.
정말 놀랄 거에요.
오, 정말이에요?
너 정말 충격 받았구나!
정말 놀라워.

여기 오게 돼서 기뻐요.
여기서 일하는 것은 즐겁군요.
생애 최고의 시간을 보냈어요.
우리 애들이 기뻐 날뛸 거에요.
날아갈 것 같은 기분이야.

그는 그것 때문에 마음 아파하고 있어요.
정말 침울해 보여요.
너 아주 슬퍼 보여.
기분이 안 좋아 보여.
당신 괴로워 보였어요.

신세 많았습니다.
너무나 감사 드려요.
정말 고마워.
정말 감사합니다.
진심으로 감사 드립니다.

일러두기

Step I Vol 1 이 완전하지 않거나 기초가 약한 사람은 Warming Up을 중점적으로 본다.

Step II Warming Up이 익숙해지면 Dialogue 1 부터 Dialogue 5 까지 차례대로
단계를 밟으며 점차 어려운 문장에도 맛을 들인다.

Step III Dialogue 에 나온 문장이나 어구에 이해가 필요하다면 English Usage 에서
제공하는 자세한 설명을 참조한다.

Step IV 다양한 표현활용에 관심이 있다면 Furthter Expressions를 훑어 보고,
English Usage 의 많은 예문에 주의를 기울인다.

Step V Q&A에서 평소에 갖게 되는 영어에 대한 궁금점을 푼다.

● 표기 및 문장부호 범례

1. ( ) 속은 보충설명이거나 동일 개념의 표현이다.

2. [ ] 속은 대체 표현이나 대체 해석이다.

3. 주의해서 보아야할 곳은 굵은 글씨로 나타냈다.

4. 해설이 필요한 곳은 위첨자로 주를 표시했다.

PART 1

기본적인 대화편

① 취미와 기호  HOBBIES AND INTERESTS

Do you enjoy skiing?

What's your favorite pastime?
Do you have any special interests?
I like to climb buildings
I'm mad about chocolate
I really don't feel like staying home

 Track-1

WARMING UP

Do you enjoy skiing?

George   Do you enjoy skiing?

Sandra   Yes, I do.

George   What are you up to these days?

Sandra   I've been taking pictures like crazy.

WORD

enjoy 즐기다   ski 스키, 스키를 타다   these days 요즘
take a picture 사진을 찍다   crazy 미친, 열광적인(=mad)

G   스키 좋아해요?

S   네, 좋아해요.

G   요즘엔 뭐 하고 지내요?

S   사진 찍는 일에 거의 미쳐 있어요.

A -。 Do you enjoy fishing?

B -。 Not much.

> 낚시 좋아해요?
> 그다지 좋아하지 않아.

A -。 Do you like beer?

B -。 I've acquired a taste for it, but I didn't like it when I was young.

> 맥주 좋아해요?
> (더할 나위 없이 좋아요.) 그것에 맛들였죠. 하지만 젊었을 때는 좋아하지 않았어요.

A -。 Shall we stop and get something to drink?

B -。 Yes. Let's do that. I'm dying for a coke!

> 우리 잠깐 멈추고 뭐 좀 마실까?
> 그래. 그러자구. 난 콜라가 먹고 싶어 죽겠어.

A -。 What season do you like best?

B -。 I have a definite preference for summer because I love outdoor sports.

> 무슨 계절을 제일 좋아해요?
> 뭐니뭐니해도 여름을 제일 좋아해요. 야외스포츠를 너무 좋아하거든요.

영화배우 레오나르도 디카프리오Leonardo DiCaprio가
파티를 무척 즐긴다고 하는데 **"파티광"**을
영어로 뭐라고 하나요?

 파티광을 영어로는 party animal이라고 합니다. 하지만 파티에 어울리지 못하고 분위기를 망쳐놓는 사람은 party pooper라고 한답니다. 사람들의 흥을 깨뜨리는 사람을 wet blanket이라고도 합니다.

WHAT'S YOUR FAVORITE PASTIME?

기분전환으로 무엇을 제일 즐기나요?

George   What's your **favorite**[1] pastime?

Sandra   I **like to**[2] watch TV.

George   What TV programs do you like?

Sandra   I like the **soaps**[3]. What do you like?

George   I like photography.

Sandra   I do, too, but it costs too much.

G   기분전환으로 무엇을 제일 즐기나요?

S   TV보는 걸 좋아해요.

G   어떤 TV 프로그램을 좋아하나요?

S   드라마 보는 걸 좋아해요. 당신은 좋아하는 게 뭐에요?

G   사진(찍는 걸)을 좋아해요.

S   저도 그래요. 하지만 돈이 많이 들잖아요.

오늘 맛있는거 사줘.

1 favorite

▸ My **favorite** drink is lemonade.
음료수 중에서 나는 레모네이드를 제일 좋아한다.

favorite는 단어 자체가 가장 좋아하는 most preferred 의 의미를 가지고 있는 형용사이다. 그래서 most와 함께 쓰면 안 된다. most favorite라고 하면 우리말의 역전 앞에서 격으로 중복 설명하는 경우가 되기 때문이다.

2 like + to부정사 [동명사]

▸ **I hate working / to work** at weekends.
주말에는 일하기가 싫다.

▸ **I like climbing** mountains. 좋아함 : 기호
나는 등산을 좋아한다.

▸ **I like to wake up** early in the morning. 습관
나는 아침 일찍 일어난다.

▸ **I'd like to tell** you something.
네게 말할 게 있어.

like는 목적어로 to부정사와 동명사 모두 취할 수 있다. love, hate, prefer, begin, start, attempt, intend, continue, can't bear가 바로 큰 의미 차이 없이 to부정사든 동명사든 취하는 경우이다.
하지만 영국 영어에서는 재미나 즐거움(enjoyment)을 얘기할 때는 like + -ing 을 쓰며, 선택 choices 이나 습관 habits을 말할 때는 like+to부정사 를 쓴다.
또한, would like, would prefer, would hate, would love와 같은 조건 어구 다음에는 to부정사를 쓴다는 것 잊지 말아야겠다. Do you like dancing? 춤추는 거 좋아하세요?은 Do you enjoy dancing?의 뜻이며 Would you like to dance? 춤 추실래요?는 일종의 초대[제안]로서 Do you want to dance now?의 의미라는 것도 알아두기 바란다.

3 soap

soap는 비누의 의미가 되면 불가산명사이지만 연속극이나 드라마의 의미가 되면 가산명사가 된다. soap opera라고 하기도 한다. 예전에 라디오에서 방송하던 연속극을 비누회사에서 후원했던 배경에서 TV나 라디오에서 나오는 일상생활을 담은 연속극을 soap라고 부르기 시작했다.

DO YOU HAVE ANY SPECIAL INTERESTS?

특별한 관심거리 있나요?

Andy   Do you have any special **interests**[1] other than your studies?

Kelly   I **used to**[2] enjoy painting, but I don't have time for it these days.

Andy   Do you sell your paintings?

Kelly   No, I paint strictly for my own enjoyment.

A   공부 말고 특별한 관심거리 있나요?

K   그림 그리는 걸 즐겨했어요. 하지만 요즘엔 통 시간이 없어요.

A   그림을 팔기도 하나요?

K   아니오, 오직 제 자신의 만족을 위해서 그려요.

1 interest

> Ted soon lost **interest** in the game.
> 테드는 곧 게임에 싫증을 냈다.

> List your leisure time **interests** on the back of the form.
> 양식 뒷면에 여가 활동을 적으세요.

> It would be in your **interests** to do as he says.
> 그의 말대로 하는 게 당신에게 이득일 것이다.

interest가 관심이란 뜻을 가질 때는 불가산 명사이거나 단수로 표기하지만 대화문에서 보듯 관심거리, 좋아하는 활동의 뜻일 때는 복수를 쓸 수 있다. 이밖에 이익, 이자의 뜻일 때는 두 가지 경우 모두 가능하다.

2 used to + 동사 원형

> I **used to smoke**, but I've stopped.
> 예전에는 담배를 피우곤 했다.(하지만 지금은 끊었다)

> I **didn't use to** like musical, but now I do.
> 옛날에는 뮤지컬을 좋아하지 않았지만 지금은 좋아한다.

> I **went** to France seven times.
> 나는 프랑스에 일곱 번 갔었다.

> This tool **is used to repair** the machine.
> 이 도구는 그 기계를 수리하는 데 쓰인다.

> You'll **get used to living** in the country.
> 시골에 사는 데 익숙해질 거야.

used to + 동사 원형은 오직 과거에만 쓰인다. 현재형은 쓸 수 없다. 과거의 습관이나 상태를 말할 때 쓰이는 표현이다. 즉, 과거에는 있었지만 지금은 있지 않은 일을 언급할 때 쓰인다. ~하곤 했다로 해석한다.

과거의 일에 대해 얼마나 오래 지속되었는지 혹은 얼마나 자주 일어났는지 얘기할 때는 used to를 쓰지 않고 과거형을 쓴다.

현재의 습관과 상태를 말하고자 할 때는 현재형을 쓴다.

문어체에서 used to는 조동사로 쓰인다. 즉 의문문이나 부정문에 do를 쓰지 않는다. be used to + 동사 원형 ~하는 데 쓰이다과 be used to + 동명사 ~에 익숙하다와 혼동하지 말아야겠다.

DIALOGUE 3 Track 1

I LIKE TO CLIMB BUILDINGS
건물 등반하는 것을 좋아해

Sandra My sister said I should ask you about your unusual hobby.

George Yes, I **like to**[1] climb buildings.

Sandra I don't understand.

George In my free time, I **climb up**[2] the sides of buildings.

Sandra You mean like Spider Man **or something**[3]?

George Exactly. But I don't even use suction cups.

S   너의 특이한 취미에 대해 물어봐야 한다고 내 여동생이 그러더라.
G   내 취미는 건물을 등반하는 거야.
S   무슨 말인지 모르겠어.
G   시간이 나면 건물 외벽을 타는 게 내 취미야.
S   스파이더맨이나 뭐 그런 거 말하는 거야?
G   그래. 하지만 흡착 컵을 사용하진 않아.

맛있는걸죠!!

1 to부정사

▸ I **expect to be** free tomorrow evening.
내일 저녁 한가할 것 같다.

▸ She didn't **want me to go**. want는 that절을 쓸 수 없다
그녀는 내가 가길 원하지 않았다.

▸ John was **surprised to get** Ann's letter.
존은 앤의 편지를 받고 놀랐다.

to부정사는 주어, 목적어, 목적 보어로 쓰인다. 형용사 다음에 쓰이기도 한다. 주어로 쓰일 때는 대개가 가주어 It을 내세우고 뒤에 쓰인다. To learn Chinese is not easy보다는 It is not easy to learn Chinese 중국어는 배우기가 쉽지 않다로 쓰는 게 바람직하다.

목적어로 to부정사를 취하는 동사로는 afford, begin, forget, pretend, seem, want 등이 있다. 목적보어로 쓰이는 to부정사는 목적어를 설명하는 역할을 한다. 이런 문형 5형식을 취하는 동사로는 advise, allow, order, persuade, tell이 있다. 감정이나 사람의 성질을 나타내는 형용사 다음에 to부정사가 오는 경우가 많다. 대개 이유로 해석하면 된다. I'm pleased to see you는 너를 **만나서** 만났기 때문에 **기뻐**라고 해석한다.

2 climb up

▸ Some spectators **climbed onto** the roof to get a better view.
구경꾼 몇 명이 더 잘 보려고 지붕 위로 올라갔다.

climb 자체만으로도 목적어를 취할 수 있는 타동사이지만 up, down, along, onto, into, out of와 함께 쓰면 그 의미를 더욱 확실하게 나타낼 수 있다.

3 A or something

▸ We could stay here and play cards **or something**.
우리 여기서 카드놀이 같은 거 하면서 있자.

A or something은 구어체에서 주로 쓰이며 A나 그 비슷한 것이라는 뜻이다. 이와 비슷한 표현 something like that은 뭔가 생각이 나지 않을 경우 그리고 정확하게 말하고 싶지 않을 경우 쓰이는 유용한 표현이다. or something else나 or something like that는 잘못된 표현이니 주의하도록 하자.

I'M MAD ABOUT CHOCOLATE

초콜릿이라면 사족을 못 쓰지

Kelly   Do you like chocolate?

Andy   Yes. I'm mad about it.

Kelly   Would you like some? I have **a five pound box of chocolate**[1].

Andy   **I wish I could**[2]. I love chocolate, but it doesn't love me.

Kelly   Why not?

Andy   It makes my face **break out**[3].

K   초콜릿 좋아하니?
A   응. 초콜릿이라면 미치지.
K   좀 먹을래? 5파운드짜리 초콜릿이 한 상자 있거든.
A   나도 그러고 싶어. 나는 초콜릿을 사랑하는데 초콜릿은 날 사랑하지 않아.
K   왜?
A   먹기만 하면 얼굴에 여드름이 나거든.

1 셀 수 없는 물질 명사

‣ I'd like some white **paper**.
흰 종이 몇 장이 필요해.

‣ I'm going out to buy a **paper**.
신문을 사러 나갈 거다.

‣ Could I have some **coffee**?
커피 주실래요?

‣ Could we have **two coffees**, please?
커피 두 잔 주세요. 카페에서 파는 경우 셀 수 있음

chocolate, cheese, glass, paper는 셀 수 없는 물질 명사이다. 하지만 단위명을 붙이면 셀 수 있다. a bar of chocolate, a hunk of cheese, a piece of paper, a pane of glass 처럼 말이다. 명사 대부분이 셀 수 있는 경우가 있고 셀 수 없는 경우가 있다. 그 때에 따라 의미가 달라진다.

2 wish

I wish + 주어 + 과거 시제 : 현재사실에 대한 후회, 유감

‣ I wish it wasn't raining.
비가 오지 않았으면. 지금 비가 오고 있음

I wish+주어+과거완료(had+과거분사) : 과거 사실에 대한 후회, 유감

‣ I wish I had gone to university.
내가 대학을 갔었더라면. 과거에 대학을 가지 못했음

wish 바라다, 기원하다는 to부정사나 that절을 목적어로 취하는 동사이다. wish는 진행 시제로는 쓸 수 없다. 가정법으로 쓰이는 wish는 상황이 좀 달랐으면 하는 후회나 유감을 표현한다. 그런 경우 위의 두 가지 형태가 있다.

3 break out

‣ The powder made me **break out** in a rash.
그 파우더를 바르니까 얼굴에 뽀루지가 많이 났다.

break out은 전쟁, 화재, 질병과 같은 안 좋은 일이 발발하다라는 뜻으로 쓰인다. 하지만 대화문에서의 break out은 피부에 빨간 반점이 돋는 것을 뜻한다.

I REALLY DON'T FEEL LIKE STAYING HOME
정말 집에 있을 기분이 아니에요

Jesse   Would you like to stay home or see a movie?

Susan   I think I'd prefer to stay home. How about you?

Jesse   Well, to be honest, I really don't **feel like staying**[1] home. **I'd much rather**[2] see a movie. Is that okay with you?

Susan   Sure. We **haven't seen**[3] a movie in a long time.

J   집에 있을래, 영화 보러 갈래?

S   집에 있는 게 좋을 것 같아. 너는?

J   음, 솔직히 집에 있고 싶은 기분은 아니야. 차라리 영화나 보고 싶어.
그래도 너는 괜찮아?

S   물론이지. 영화 못 본 지가 오래됐거든.

1 feel like절

▸ He didn't **feel like going** to work.
그는 직장에 가고 싶지 않았다.

I feel like + v-ing(feel inclined to부정사)는 ~하고 싶은 기분이다는 뜻이다. 하지만 feel like절 ~한 것처럼 느끼다는 feel as if/though절 의 뜻이므로 구별을 해야겠다.

2 would rather + 동사원형

▸ Tomorrow would be difficult. **I'd rather** you came next weekend.
내일은 어렵겠어. 네가 다음 주에 왔으면 좋겠어.

would rather는 would prefer to ~하고 싶다의 뜻이다. would rather다음에는 to없는 부정사 즉, 동사 원형이 온다. 종종 'd rather와 같은 축약형으로 쓰인다. would rather 다음에 과거 시제의 절이 따라오기도 한다. ~가 ~했으면 좋겠다고 해석한다.

3 have[has] + 과거분사

① 현재 결과(result now)
▸ I've broken my leg.(→ I can't walk.)
다리가 부러졌다. → 걸을 수 없다

② 행동의 종료(finished action:time up to now)
▸ I haven't seen Peter since Christmas.
크리스마스 이후로 피터를 보지 못했다.

▸ Has Ann come yet?
앤은 아직 오지 않았니?

③ 현재까지 반복되는 행동(repeated actions up to now)
▸ I've written six letters since lunchtime.
점심시간 이후 편지 6통을 썼다.

④ 현재까지 지속되는 행동이나 상태
▸ How long have you been here?
여기 있은 지 얼마나 됐어요?

have[has] + 과거분사의 형태를 **현재완료**라고 한다. 과거와 현재의 의미를 동시에 포함하는 시제이다. 현재완료에는 4가지 의미가 있다. 대화문의 현재완료는 위 내용 중 ②번에 해당한다.

② 성격 표현

What is your personality like?

You are outgoing
He's hard to please
She's very patient
She's shy
He acts so conceited

 Track-2

WARMING UP

What is your personality like?

George	What is your personality like?
Sandra	I think I'm friendly.
George	What do your friends say about you?
Sandra	They say I'm always cheerful.

WORD

personality 인격, 성격
friendly 다정한   say about ~에 관해 말하다

G 네 성격이 어떻다고 보니?
S 난 다정한 편이라고 생각해.
G 네 친구들은 너에 대해 뭐라고 말하니?
S 내가 항상 명랑하다고 말해.

A -◦ **What kind of personality do you think you have?**
B -◦ **I'm optimistic about everything.**

당신 성격이 어떻다고 생각하세요?
저는 모든 일에 낙천적입니다.

A -◦ **What are your strong points?**
B -◦ **I've got a good sense of humor.**

당신 장점이 뭔가요?
전 유머감각이 풍부합니다.

A -◦ **What are your weaknesses?**
B -◦ **I'm not really sociable.**

당신 약점이 뭔가요?
전 별로 사교적이질 못합니다.

A -◦ **Which do you think you are, an extrovert or an introvert?**
B -◦ **Most people would say that I'm an introvert.**

당신은 자신이 외향적이라고 생각하세요, 내향적이라고 생각하세요?
대부분의 사람들은 저를 내성적이라고 말합니다.

"a proper Charlie"가 왜 바보라는 뜻인가요?

Charlie는 찰스 1세 때 왕에게 고용된 일꾼이었는데 너무나 멍청하고 어리석어서 아무도 그 사람을 Charlie로 기억하지 않고 바보로 기억했답니다. 그래서 a proper Charlie는 틀림없는 찰리가 아니라 멍청한 사람을 가리킵니다. 바보라고 할 때 fool보다는 a proper Charlie라고 하는 것이 기분 나쁘지 않겠죠.

YOU ARE OUTGOING

너는 사교적이야

Sandra I can't believe you're Meagan's brother.

George Why not?

Sandra Because you **seem**[1] much more outgoing than she is. Meagan pretty much **keeps to herself**[2].

George You'd be surprised to **see**[3] her speak too much.

S 네가 미건의 오빠라는 게 믿어지지 않아.
G 왜?
S 너는 미건보다 훨씬 사교적이니까 그렇지. 미건은 굉장히 내성적이잖아.
G 미건이 수다를 떠는 걸 보면 굉장히 놀랄 걸.

수리야 사진 한장 찍을래?

1 seem

> ▸ You **seem** very happy today.
> 넌 오늘 매우 행복해보여.

> ▸ **It seems like** only yesterday that Tommy was born.
> 토미가 태어난 게 바로 엊그제 같군.

seem은 진행형을 쓸 수 없으며 seem + 형용사/명사, seem to + 동사원형, seem like + 명사, It seems + 절(that/as if/as though)로 표현할 수 있다. appear와 비슷하게 쓰인다.

2 keep ~ to yourself

> ▸ It's official. We're leaving, but do me a favor and **keep it to yourself**.
> 공무상의 일이야. 이제 우린 떠나니 제발 부탁인데 그 일은 비밀로 해주게.

> ▸ **Keep** strictly **to** the terms of the contract.
> 철저히 계약조건대로 하시오.

자기 자신에게만 머물러 있다라고 직역한 것을 풀어 생각해보면 내성적이라는 걸 알 수 있다. keep something to yourself는 something을 비밀로 하다를 의미하며, keep to something은 약속대로 행하다는 것을 의미한다.

3 can see

> ▸ **I can see** a rabbit over there.
> 저쪽 편에 토끼가 보인다.

> A : We've got a problem. 우린 문제가 있어.
>
> B : **I see.** 알겠어.

> ▸ **I'm seeing** Ms.Barnett at four o'clock.
> 4시에 바넷 양을 만날 것이다.

see의 기본 의미는 눈으로 보다이다. 보다(look at, watch)의 뜻일 때는 진행형 시제로는 쓸 수 없다. 말을 하려는 순간 뭔가가 눈에 띄었을 때 I can see something 뭔가가 보여 이라고 하듯이 can see의 표현을 쓸 수 있다.
see는 이해하다, 알다의 뜻으로도 쓰인다. 마찬가지로 이 경우에도 진행형을 쓸 수 없다. 하지만 see가 만나다, 면접하다의 뜻일 때에는 진행 시제를 쓸 수 있다.

Track 2

HE'S HARD TO PLEASE

그는 까다로워

Kelly   Did that customer send his steak back?

Andy   Yes. He said it was too **rare**[1].

Kelly   He's very **hard**[2] to please.

Andy   I guess now it'll be too **well done**[1].

Kelly   Probably.

Andy   Why don't you **wait on**[3] him next time?

K   저 손님이 스테이크 돌려보냈니?
A   그래. 너무 설익었대.
K   그는 너무 까다로워.
A   이번에는 너무 익었다고 할거야.
K   모르지.
A   다음엔 네가 주문을 받지 그래?

1 rare, well done, medium

▸ Well-done, please.
바싹 익혀 주세요.

rare나 well done은 steak 같은 육류 종류 음식을 익히는 정도를 말한다. rare는 피가 나올 정도로 설익게 요리한 것을 의미하며 medium은 중간 정도로 적당히 익힌 것을 의미한다. well done은 아주 바싹 익힌 것을 말한다.

2 hard와 hardly

▸ You have to work **hard**.
넌 열심히 일해야 해.

▸ Hit it **hard**. 부사
세게 쳐봐.

▸ He **hardly** works **at all**. =He does very little work.
그는 거의 일을 하지 않는다.

▸ He knows **hardly anything** about geography.
그는 지리에 대해서는 거의 아는 바가 없다.

hardly와 hard는 의미상 아무 관련 없다.
hard는 형용사로도 쓰이고 부사로도 쓰인다. 형용사로서 hard는 어려운, 고된, 단단한의 뜻이며, 부사로서 hard는 열심히, 세게란 뜻이다.
hardly는 부사로서 거의 ~아니다란 뜻이다.

3 wait on

▸ The waiter **waited on** an elderly gentleman with a white mustache.
그 웨이터는 하얀 콧수염의 한 노신사를 시중들었다.

▸ We're **waiting on** the blood test results.
우리는 혈액검사 결과를 기다리고 있다.

wait은 기다리다라는 뜻이지만 wait on을 하면 attend on과 마찬가지로 손님 시중을 들다를 뜻한다.
wait on의 또다른 뜻으로는 어떤 특별한 일을 하거나 결정을 하기 전에 **특정 일이나 정보를 기다리다**가 있다.

SHE'S VERY PATIENT
그녀는 참을성이 매우 강해

Sandra **Have you heard anything about**[1] our new English teacher?

George Yes. People say she's very intelligent.

Sandra What **else**[2] have you heard?

George Well, they also say she's very patient.

Sandra Really? That's **interesting**[3].

S 새로 온 영어 선생님에 대해 뭐 들은 거 있어?
G 응. 똑똑하다고 하던데.
S 다른 얘기는 안 들었어?
G 음, 참을성이 매우 강하다고 하더라.
S 정말? 흥미로운걸.

1 Have you heard anything about~?

> **Have** you **read** the Bible? → Do you know the Bible?
> 성경 읽어봤어? →　　　　　　　　성경에 대해 알아?

Have you heard anything about~?은 ~에 관해 들은 적 있니?로 직역할 수 있다. 즉 뭐 아는 거 있어? Do you know anything about~? 란 의미이다.
이때 have heard는 현재완료의 의미 중에서 현재의 결과 result now p.81참조 에 해당한다. 의문문이기 때문에 something이 아니라 anything을 썼다.

2 else

> **Where else** did you go besides Madrid?
> 마드리드 말고 다른 데 갔었어?

> Let's go, **or else** we'll miss the train.
> 가자구. 안 그러면 기차 놓치겠어.

else는 다른 other의 뜻이다. else가 따라붙을 수 있는 어구로는 somebody, someone, something, somewhere, anybody, anyone, everybody, everyone, nobody, no-one, who, what, where, how, why, little, (not) much가 있다.
else의 소유격도 만들 수 있다(else's). 문장 중간에 or else가 들어가면 **그렇지 않으면** otherwise, if not의 의미가 된다.

3 interesting

> Sheila's party was pretty **boring**.
> 실라가 연 파티는 정말 지루했다.

> I went home early because I felt **bored**.
> 지겨워져서 집에 일찍 들어갔다.

interesting, boring은 현재분사로서 능동적인 의미를 지니며 interested, bored는 과거분사로서 수동적인 의미를 지닌다. 흥미를 불러일으키는 것에 대해서는 interesting을 쓸 수 있겠고, 자신이 흥미가 있으면 interested라고 한다.
하지만 과거분사 중에 능동적인 의미를 가지는 예외도 있다. fallen rocks 낙석, a retired army officer 퇴역 장교, a grown-up daughter 다 자란 딸, an escaped prisoner 탈옥수 등이다.

SHE'S SHY
그녀는 내성적이야

Kelly Did you hear Jennifer at the party last night?

Andy Yes. She has a beautiful voice.

Kelly And she isn't shy about singing **in public**[1], either.

Andy Jennifer is a born singer.

Kelly **I agree**[2]. Does she plan to sing professionally?

Andy She **should**[3], she's very talented.

K 어젯밤 파티에서 제니퍼 노래 들었어?

A 응. 목소리가 너무 아름다워.

K 그리고 많은 사람들 앞에서 부르는 걸 부끄러워하지도 않아.

A 제니퍼는 타고난 가수야.

K 정말 그래. 본격적으로 가수가 될 생각은 없을까?

A 그래도 되겠는걸. 대단한 재능이 있으니까.

우잉?

1 in public, in private

▸ Her husband was always nice to her **in public**.
그녀의 남편은 사람들 앞에서는 항상 그녀에게 잘해주었다.

in public은 공중(公衆) 앞에서, 공공연히란 뜻이며 in private는 내밀히, 비공식적으로란 뜻이다.

2 I agree

▸ I don't **agree with** people who say women should stay at home.
나는 여자들이 집에 있어야 한다고 말하는 사람들의 의견에 동의하지 않는다.

▸ In many ways **I agree with** his statement.
여러 가지 면에서 나는 그의 진술과 같은 의견이다.

▸ I don't understand why he doesn't **agree to** the divorce.
왜 그가 이혼을 받아들이지 못하는지 이해가 안 된다.

I agree는 상대의 말에 대한 동의와 긍정을 나타낼 때 쓰인다.
agree with somebody/something는 누구/무언가와 같은 생각이다란 뜻이다. 그리고 agree to something은 무엇을 받아들이다, 허락하다란 뜻이다. agree with와 agree to를 잘 구별해야겠다.

3 should

▸ We **should** drive more carefully. 의무
우리는 좀 더 조심스럽게 운전해야 한다.

▸ Henry **should** be here soon - he left home at six. 추측
헨리가 곧 도착할 거야. 6시에 집을 나섰으니까.

▸ I **should have phoned** Ed this morning, but I forgot. 과거후회
▸ 오늘 아침 에드에게 전화했어야 했는데 잊어버렸어.

I **should/would** be very happy if I had nothing to do. 조건
할 일이 없으면 정말 행복하겠다.

should는 조동사이다. should는 의무, 강요, 추측(가능성)의 의미를 갖고 있다.
Should I~?는 충고, 도움, 지시사항을 요청할 때 쓰인다.
should have + 과거분사는 과거에 대해 얘기할 때 쓰이며, ~했었어야 했다란 뜻으로 해석한다. 과거에 대한 후회를 표현한다. should는 would와 더불어 조건의 의미를 갖는 조동사로 쓰이기도 한다.

Track 2

HE ACTS SO CONCEITED
그는 너무 우쭐대

Jesse   Look at Bob walking down the hall. He thinks he's **God's gift**[1].

Susan   Just because he's **Captain**[2] of the basketball team.

Jesse   And **goes out**[3] with the prettiest girl in class.

Susan   And gets straight A's.

Jesse   He acts so conceited.

Susan   You know what, Jesse? I **think**[4] he really is God's gift!

J   복도 걸어가는 밥 좀 봐. 자기가 최고라고 생각해.
S   단지 그가 농구팀의 주장이라는 이유만으로.
J   그리고 반에서 제일 예쁜 여자애들과 데이트하지.
S   그리고 몽땅 A학점만 받지.
J   그는 너무 우쭐대.
S   제시, 뭘 말하는거야? 난 걔가 정말로 특별한 것 같아!

1 God's gift
▸ Paul thinks he's **God's gift to** the film industry.
폴은 자신이 영화계에 없어선 안 될 존재라고 생각한다.

God's gift to women/men 직역하여 신의 선물은 자기가 **완벽하며 정말로 매력적이**라고 생각하는 사람을 일컬을 때 쓰인다. 지나치게 잘난 체하고 안하무인인 사람을 가리킨다.

2 captain
▸ Ronald Reagan was first elected **President** in 1980.
로날드 레이건은 1980년 대통령에 처음 당선되었다.

지위나 직업이 보어나 동격으로 쓰일 경우 관사를 쓰지 않는다. 호격인 경우도 그러하다. 식당에서 웨이터를 부를 때 A waiter라고 하지 않고 그냥 Waiter라고 부르는 것처럼 말이다.

3 go out
▸ Are you **going out** tonight?
오늘밤에 외출할 거야?

▸ How long have you been **going out** together?
얼마나 오랫동안 사귄 거야?

▸ The candle **went out**.
촛불이 꺼졌다.

▸ The program **goes out** live at 5 o'clock on Mondays.
그 프로그램은 월요일 5시에 생방송으로 방영된다.

놀려고 **외출하다**, 데이트나가다, 빛이 **꺼지다**, 텔레비전이나 라디오에 **나오다**라는 뜻이다.

4 think
▸ I'm **thinking** of changing my job.
직장을 옮길 계획이야.

▸ **I don't think** it will rain.
비가 오지 않을 것 같아.

think가 **생각이 있다**, ~할 생각이다란 뜻일 때는 진행형을 쓸 수 없다. 하지만 **계획하다** plan, **고려하다** consider의 의미일 때는 진행형을 쓸 수 있다.
think + that절이 부정형으로 쓰일 때는 that절을 부정문으로 만드는 것보다 don't think that절 형태로 해준다.

③ 패션과 복장 FASHION AND WEAR

Does this skirt suit me?

He likes to dress up
How does this dress look on me?
Your blouse looks great on you
These clothes never please me
It suits you very well

Track-3

WARMING UP

Does this skirt suit me?

Sandra Does this skirt suit me?

George It suits you well.

Sandra I'm afraid this is too short.

George Maybe you should be more daring.

WORD

skirt 스커트, 변두리(skirts)   suit ~에 어울리다, 소송, 한 벌
(옷)   maybe 아마   daring 대담한, 무모한

S 이 스커트 내게 어울리나요?

G 매우 잘 어울려요.

S 너무 짧은 것 같아요.

G 당신은 좀 더 대담해져야 해요.

A -◦ How does it fit?

B -◦ It fits well.

잘 맞나요?
잘 맞아요.

A -◦ I think I'll wear this cotton dress.

B -◦ Good idea. It's kind of warm tonight.

이 면 드레스 입을 생각이야.
좋은 생각이야. 오늘 밤은 좀 따뜻하니까.

A -◦ Why are you changing your clothes?

B -◦ I'm not happy with the way I look in this skirt.

왜 옷을 갈아입어요?
스커트를 입은 모습이 맘에 들지 않아서요.

A -◦ Try the plaited skirt.

B -◦ It needs to be pressed, and I don't have time to do that now.

주름치마 입어봐.
그건 다려야 돼. 그런데 난 지금 다림질할 시간이 없어.

 "가디건"이 잘못된 영어라고 하는데 맞나요?

네, 잘못된 영어입니다. 영어로 가디건은 Cardigan입니다. 즉 진짜 영어 발음은 카디건이 되겠지요. Cardigan은 영국 웨일즈의 Cardigan지방에서 유래한 단어입니다. 팬티 스타킹은 panty hose가, 팬티는 panties가, 반바지는 shorts가 바른 표현입니다.

HE LIKES TO DRESS UP

그는 정장 입는 것을 좋아해

Sandra   I'm getting[1] my dad a shirt for his birthday.

George   What color?

Sandra   He likes solid color shirts.

George   Does he usually dress formally?

Sandra   He likes to **dress up**[2].

S   아빠 생일에 셔츠를 선물하려고 해.
G   무슨 색깔로?
S   아빠는 단색 셔츠를 좋아해.
G   정장을 주로 입으시니?
S   정장 입는 것을 좋아하셔.

1 **be** + 현재분사(v-ing)

> ▸ **I'm leaving for** New York 7 o'clock this evening.
> 오늘 저녁 7시에 뉴욕으로 떠난다.

be + 현재분사(v-ing)는 가까운 미래를 나타낸다. 이미 예정된 계획이나 미래의 행동을 표현한다. 보통 시간이나 날짜가 함께 쓰인다. go, come, leave, arrive같은 동사의 경우 특히 이런 식의 미래 시제가 쓰인다.

get의 다양한 쓰임새에 대해 살펴보기로 하자. get은 타동사로서 명사/대명사를 목적어로 취한다. 자동사로서 형용사가 뒤따르기도 한다. 때로는 전치사가 나오기도 한다.

> ▸ I **got a letter** from Lucy this morning.
> 오늘 아침 루시로부터 편지를 받았다.
> ▸ As you get old your memory **gets worse**.
> 나이가 들수록 기억력이 나빠진다.
> ▸ I went to see him, but he told me to **get out**.
> 그를 보러 갔다. 하지만 그는 내게 나가라고 말했다.

get + 목적어 + 목적보어와 같이 get은 5형식을 취하기도 한다. 목적보어에는 to부정사, 동사의 ing형, 형용사, 과거분사가 올 수 있다.

> ▸ I can't **get the car to start**.
> 차 시동을 걸 수 없어.
> ▸ Don't **get him talking** about his illnesses, please.
> 제발 그가 자기 병 얘기하게 하지마.
> ▸ I must **get my hair cut**.
> 머리를 잘라야겠어.

2 **dress up**

> ▸ He went to the party **dressed up** as a clown.
> 그는 광대 분장을 하고 파티에 갔다.

dress up은 두 가지 의미를 지닌다. 정장하다, 성장(盛裝)하다란 뜻과 함께 재미 삼아 특이한 옷을 입고 특이한 분장을 하다라는 뜻이 있다. dress up에서 up은 전치사 (자동사)로도 쓰이고 부사 (타동사: 목적어 취함)로도 쓰인다.

HOW DOES THIS DRESS LOOK ON ME?

이 드레스 어때 보여요?

Sandra How does this dress **look on**[1] me?

George Turn to your right. I want to see your profile.

Sandra **How**[2]'s this?

George It falls nicely and has a beautiful silhouette.

Sandra You mean I don't look fat **in**[3] it?

George Quite the opposite. You look very slim.

S 이 드레스 어때 보여요?
G 오른쪽으로 돌아봐요. 옆모습을 보고 싶으니까요.
S 어때요?
G 옷이 멋지게 내려와서 실루엣이 아름다워요.
S 이 옷을 입으니까 내가 뚱뚱해 보이지 않는단 말이에요?
G 완전히 반대에요. 아주 날씬해 보여요.

김밥 아줌마랑 사이좋게 지내려면
마음을 담아 편지를..

1 look on

▸ Only one man tried to help us, the rest just **looked on** in silence.
오직 한 사람만이 우리를 도와주려 했고 나머지는 조용히 구경만 했다.

look on me는 look + on me 나에게 ~해 보인다로 생각하는 게 편하다. 하지만 look on은 구경하다, ~로 간주하다라는 뜻도 있다.

2 how = what ~ like

A : **How**'s Ron? 론은 잘 지내나요? 안부
B : He's very well. 건강하게 잘 있어요.

A : **What**'s Ron **like**? 론은 어떤 사람이에요? 외모와 성격
B : He's tall and a bit shy. 키가 크고 좀 소심해요.

how는 변하는 것-사람들의 기분이나 건강 안부 을 물을 때 쓰인다. 하지만 변하지 않는 것-사람들의 외모, 성격에 대해서는 what ~ like로 묻는다. 그 차이를 확실히 익혀야겠다. 사람들의 의견이나 경험 How was the film? 영화 어땠어요? 을 물을 때도 how를 쓴다.
what ~ like의 like는 전치사이다. 동사 like와 헷갈리는 일이 없어야겠다.

3 in

▸ My mother was **in** the kitchen. 장소
엄마는 부엌에 계셨다.

▸ He retired **in** October. 시간
그는 10월에 은퇴했다.

▸ He looked very handsome **in** his uniform.
제복을 입은 그가 매우 잘생겨 보였다.

▸ Long skirts are **in** at the moment. = in vogue
지금 롱스커트가 유행이다.

in은 전치사로서 장소와 시간을 나타낼 때 쓰인다. 위 대화문에서 in은 옷을 입은이란 뜻이다. woman in red라고 하면 빨간 옷을 입은 여자가 된다. Will Smith가 출연하는 영화 Men In Black은 결국 검은 옷을 입은 사나이들이란 뜻이 된다. 하지만 형용사로서 유행하는이란 뜻을 갖기도 한다.

Track
3

YOUR BLOUSE LOOKS GREAT ON YOU
당신 블라우스 멋져 보여요

Andy　Honey, we're late.

Kelly　I just want to **try on**[1] one more blouse.

Andy　Honey, I was dressed an hour **ago**[2].

Kelly　**That**[3] new blazer looks good.

Andy　Your blouse looks great on you, too. Can we go now?

Kelly　Just a minute. I want to change my earrings now.

A　여보, 우리 늦었어.
K　블라우스 하나만 더 입어보고 싶어요.
A　여보, 난 한 시간 전에 다 차려입었다구.
K　당신 그 새로운 상의 좋아 보이네요.
A　당신 블라우스도 멋져 보여. 이제 갈까?
K　잠깐만요. 지금은 귀걸이 좀 바꾸고 싶어요.

1 try on

▸ The salesclerk showed her a pair of beautiful shoes. She **tried them on**.
점원이 예쁜 신 한 컬레를 그녀에게 보여주었다. 그녀는 신어보았다.

try on + something은 맞는지 혹은 어울리는지 알려고 옷을 **입어보다**를 의미한다. try on의 목적어가 대명사인 경우는 try + 대명사 + on으로 해준다.

2 ago

▸ I **came** to England exactly six months **ago**.
정확히 6개월 전에 나는 영국에 왔다.

three months ago, yesterday, last week과 같이 확실히 과거의 시간을 나타내는 부사구가 쓰였을 때는 반드시 과거시제로 문장을 만들어야 한다. 현재완료시제를 쓰지 않는다는 것에 주의하자.

3 this와 that

▸ I don't like to do anything in **this** country.
이 나라에서는 그 무엇도 하고 싶지 않다. 나는 나라 안에 있으므로

▸ I don't like **that** boy you're going out with.
네가 사귀는 저 남자애 맘에 안 들어.

▸ I like **this** music. What is it? 지금 음악이 흘러나오고 있음
이 음악 맘에 드는데. 뭐야?

▸ Hello. **This** is Elizabeth. Is **that** Ruth?
여보세요. 저는전화 거는 사람 엘리자베스인데요. 그쪽전화 받는 사람은 루스인가요?

한정사이면서 지시대명사 this와 that의 차이를 알아보자.
말하는 사람과 가까이 있는 사람이나 사물을 가리키거나 말하는 순간에 일어나는 현재 상황에 대해서는 this라고 한다. 반면 말하는 사람과 멀리 있거나 그리 가깝지 않을 때, 그리고 이미 지난 일에 대해 언급할 때에는 that을 쓴다.
영국 영어에서 전화 대화인 경우 자신을 가리킬 때에는 this를, 듣고 있는 상대를 가리킬 때에는 that을 쓴다는 것도 유념해야겠다.

DIALOGUE 4 Track 3

THESE CLOTHES NEVER PLEASE ME
이 옷들은 결코 맘에 안 들어

Andy   Her spring collection is a refreshing change from her winter fashions, isn't it?

Kelly   I don't think so. Both collections left me feeling that **something**[1] was **missing**[2].

Andy   You're impossible to please.

Kelly   Perhaps. But I can tell you **without question**[3] that these clothes are never **going to**[4] please me.

A   그녀의 봄 컬렉션을 보면 겨울 패션과 다른 산뜻한 변화가 있지 않니?
K   난 그렇게 생각 안 해. 두 컬렉션 모두 뭔가 중요한 게 빠진 느낌이 들어.
A   넌 너무 까다로워.
K   그럴지도 모르지. 하지만 이 옷들이 맘에 들 리가 없다는 것은 확실히 말할 수 있어.

1 something

> ‣ Running your own company at age 21 is really **something**!
> 스물 하나에 자기 회사를 운영한다는 것은 정말 굉장한 거야!

something은 그냥 무언가를 의미하기도 하지만 때로는 something important, 즉 중요한 무언가를 말할 때도 있다.
everything은 소중한 것을 의미한다. You mean everything to me를 해석한 다면 너는 내게 전부야라고 할 수 있겠다.

2 missing

> ‣ Fifty dollars are **missing** from my wallet.
> 지갑에 있던 50달러가 없어.
>
> ‣ Why is my name **missing** from the list?
> 왜 내 이름이 리스트에 빠져 있지?
>
> ‣ The soldiers are reported **missing**, presumed dead.
> 군인들은 행방불명으로 알려졌으며, 사망한 것으로 추정되었다.

평소에 있던 자리에 물건이 없을 때, 제거되어 더 이상 존재하지 않을 때, 목록에서 빠뜨렸을 때, 사람이 사라져 행방불명되었을 때 missing을 쓴다.

3 without question

> ‣ Marilyn was, **without question**, a very beautiful woman.
> 마릴린은 의문의 여지 없이 매우 아름다운 여자였다.

의문의 여지없이, 확실히란 뜻이다. beyond doubt[question], without any doubt, certainly, surely와 바꿔 쓸 수 있다. 관사를 쓰지 않는다는 것에 주의하자.

4 be going to

> ‣ **I'm going to** get a new car soon.
> 곧 새 차를 살 예정이다.
>
> ‣ She **is going to** have a baby.
> 그녀는 임신중이다.

가까운 미래를 표현하는 방법에는 현재분사로 표현하는 방법과 going to로 표현하는 방법 두 가지가 있다. What are you doing this evening? 오늘 저녁 뭘 할 거야? 에서 볼 수 있듯 현재분사는 예정된 미래를 표현한다.
going to는 미래 계획이나 예정에 대해 얘기하기도 하고, 미래에 일어날 일이 진행 중인 경우에도 쓰인다.

IT SUITS YOU VERY WELL
당신한테 그게 정말 잘 어울려요

Susan　Where did you get that dress? I love it.

Jesse　I'm glad you like it. I got it at a bargain sale at the ABC Department Store.

Susan　I wish I could be **as lucky as**¹ you are.

Jesse　The key to successful shopping is **to get**² there early before the crowd.

Susan　Thanks for the tip. I'll try it next time.

S　그 옷 어디서 샀어요? 너무 좋아요.

J　당신이 좋아하니 기쁘네요. ABC백화점 바겐세일에서 샀어요.

S　저도 당신만큼이나 운이 좋았으면 좋겠어요.

J　성공적인 쇼핑의 열쇠는 사람들이 몰려들기 전에 일찍 가는 거에요.

S　조언 고마워요. 다음엔 그래볼게요.

1 as + 형용사/부사 + as

> ‣ She's **as tall** as her brother (is).
> 그녀는 오빠만큼 키가 크다.
> ‣ He doesn't sing **as well as** me.
> 그는 나만큼 노래를 잘 못 부른다.
> ‣ She's **not as/so pretty as** her sister.
> 그녀는 여동생만큼 예쁘지 않다.
> ‣ We need **as much time as** possible.
> 가능한 많은 시간이 필요하다.
> ‣ A color TV is twice **as expensive as** a black and white.
> 칼라 TV는 흑백보다 두배나 비싸다.

as + 형용사/부사 + as + 명사/대명사/절은 ~만큼 ~한의 뜻이다. 구어체에서는 두 번째 as 다음에 목적격 대명사를 쓴다. 부정문인 경우는 첫 번째 as를 so로 바꿔줘도 된다.

셀 수 있는 명사인 경우는 as many as~ ~만큼 많은를, 셀 수 없는 명사인 경우는 as much as~ ~만큼 많은로 쓴다. half as~as~ ~의 반, twice as~as~ ~의 두 배, three times as~as~ ~의 세 배도 함께 알아두기 바란다.

마지막으로 A as well as B 에 대해서도 알아보자. A, B 자리에는 명사, 형용사, 부사가 들어간다. B뿐만 아니라 A도라는 뜻으로, not only B but also A와 같다. 표현이 바뀌면서 A와 B 자리가 바뀌는 것도 눈여겨봐야겠다.

> ‣ She's clever as well as beautiful.
> = She's not only beautiful but also clever.
> 그녀는 예쁠 뿐만 아니라 영리하기도 하다
> ‣ As cool as a cucumber. 매우 냉정한
> ‣ As close as an oyster. 입을 꾹 다문

2 명사적 용법의 to부정사

본문에서 부정사 to get은 the key 이하 주어를 설명하는 보어 부분이다. to부정사의 용법 중 명사적 용법에 해당한다. 명사적 용법은 to부정사가 문장에서 주어, 목적어, 보어(목적보어/주격보어) 역할을 하는 것을 말한다. 형용사적 용법은 명사를 수식하거나 서술하는 기능을 말한다.

to get에서 get의 기본 의미는 ~을 얻다이지만 there이란 부사가 붙으면 도착하다의 뜻이 된다.

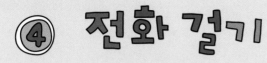 **④ 전화 걸기** MAKING PHONECALLS

Can I talk to Paul?

He is on the phone
Hold on a second
I have the wrong number
You can put her through
I can page Mr. Turner

 Track-4

WARMING UP

Can I talk to Paul?

George Hi. Can I talk to Paul?
Sandra Just a sec. Who's this, please.
George It's George, his tennis partner.

WORD

talk to ~에게 말을 걸다   sec(=second) 초秒
just a sec(=just a minute) 잠깐만   partner 상대, 동료, 배우자

G 여보세요. 폴 있습니까?
S 잠깐만요. 전화 건 분은 누구세요?
G 폴의 테니스 상대, 조지입니다.

A –。 Hello. May I speak to Mr.Brown, please?
B –。 Who's calling, please?
여보세요. 브라운 씨 계십니까?
실례지만 누구세요?

A –。 Who's on the phone?
B –。 Bill Smith. It's for you.
누가 전화건 거야?
빌 스미스. 너한테 온 전화야.

A –。 Jack! It's for you.
B –。 Thanks. I'll take the call in my office.
잭! 네 전화야.
고마워. 내 사무실에서 받을게.

A –。 Is the call for me? Who's on the phone?
B –。 The man from the insurance company wants to ask you something.
나한테 온 전화야? 누군데?
보험회사 사람인데, 네게 물어보고 싶은 게 있나봐.

"couch potato"가 무슨 뜻인지 알고 싶어요.

 couch는 소파를 말하는 것으로 couch potato는 소파에 깊숙이 앉아 TV앞에서 오랜 시간 동안 빈둥거리는 사람을 말합니다. couch potato 에서 파생한 어휘로는 mouse potato가 있습니다. mouse 마우스앞에 앉아 있는 사람들은 결국 컴퓨터광을 가리킵니다.

HE IS ON THE PHONE
그는 전화 통화중이야

Sandra Is your phone **out of order**¹?

George What do you mean?

Sandra I **tried calling**² you last night and I couldn't get through.

George Really?

Sandra I **kept getting**³ a busy signal.

George I bet my son was on the phone. I'm sorry you had so much trouble.

S 당신 전화 고장 났어요?

G 무슨 말이에요?

S 어젯밤에 전화를 걸려고 해도 연결이 안 됐어요.

G 그래요?

S 계속 통화중 신호음만 들리던데요.

G 틀림없이 아들 녀석이 통화 중이었을 거예요. 불편을 끼쳐서 미안해요.

1 out of order

out of + ~은 ~을 벗어나서란 뜻이다.
out of order는 질서를 벗어났으니까 고장나다, out of place는 제자리를 벗어났
으니까 부적당한이라는 뜻이 된다. 마찬가지로 out of date는 세상흐름을 벗어났으
니까 구식의, 낡은, out of print는 절판된이란 뜻이 된다.

2 try

try만 잘 알아도 영어가 한결 쉬워진다. 우선 try + something은 시도하다란 뜻을
가진다.
try on + 의류는 ~을 입어 보다란 의미가 된다. try to + 동사 원형은 ~하려고 노력
하다란 의미이며, try doing something은 try to do something 노력하다과 동
일한 의미가 된다.
try는 또한, I'll give it a try는 한번 해볼게에서 알 수 있듯 명사로도 쓰인다. 참고
로 trying은 가혹한, 괴로운이란 뜻을 갖는 형용사이다.

3 keep + 동명사

▸ **It's no use expecting** her to say thank-you.
그녀가 고맙다고 말하길 기대해봤자 소용없다.

▸ I can't understand **his being** so late.
난 그가 그렇게 늦은 것을 이해할 수가 없다.

▸ Your hair **needs cutting**. (=needs to be cut)
네 머리 잘라야겠다.

▸ I **look forward to hearing** from you.
당신의 연락을 기다리겠습니다.

동사원형 + ing가 동명사로 쓰일 때는 문장에서 주어, 목적어, 보어 역할을 하는 것
을 말한다.
동명사만을 목적어로 하는 동사로는 avoid, enjoy, finish, mind, risk,,속 ~하
다란 뜻이다.
동명사의 의미상의 주어와 전체주어가 일치하지 않는 경우에는 주어인칭대명사: 소유
격, 명사는 그대로를 동명사 앞에 쓴다.
동사 다음에 목적어로 동명사를 쓰면 수동의 의미가 되는 경우가 있다. need,
want가 그런 동사이다.

HOLD ON A SECOND

잠깐만 기다리세요

Mr.Turner	Hello. **This is** Mr.Turner of the ABC Company **calling**[1]. Is Mr.Baker in?
Kelly	Mr.Turner, please **hold on a second**[2]. I'll see **if**[3] he's in.
Mr.Turner	Okay.
Kelly	Mr.Turner, Mr.Baker is in a meeting right now. May I transfer your call to him?
Mr.Turner	Yes. **As soon as possible**[4]. This is regarding an urgent matter.

T 여보세요. ABC 회사의 터너입니다. 베이커 씨 계십니까?
K 터너 씨, 잠깐만 기다리세요. 그분이 계신지 알아볼게요.
T 좋습니다.
K 터너 씨, 베이커씨는 지금 회의 중입니다. 전화를 돌려 드릴까요?
T 네. 되도록 빨리요. 긴급한 사항입니다.

1 This is speaking[calling]

This is speaking[calling]은 전화 대화에서 상대가 Could I speak to Jane? 제인 바꿔 주시겠습니까?에 대한 대답으로 **바로 접니다**라는 뜻이다. Speaking 대신에 This is he[she](That's me)라고 대답하기도 한다. 간단하게는 Speaking이라고도 한다. 전화 건 사람이 누구인지 물을 때는 Who's this speaking[calling]?이라고 하면 된다.

2 Hold on a second

전화 대화에서 **끊지 말고 기다리세요**라고 할 때 Hold on a second, Hold on a moment[minute], Hold the line 중에 어느 것도 가능하다. 보통 일상대화에서처럼 Wait a minute, Just a minute, One moment, please라고 해도 된다.

3 if 명사절

▸ I'm not sure **if/ whether** I'll have time.
시간 여유가 있을지 확실치 않아.

▸ Let me know **whether** you can come or not.
네가 올 수 있는지 없는지 알려줘.

▸ We **discussed whether** we should close the shop.
가게문을 닫아야하는지 토론했다.

▸ **Whether you like it or not**, you'll have to pay.
네가 좋아하든 말든 네가 돈 내야해.

if가 명사절로 쓰일 때는 ~인지 아닌지란 뜻으로 Whether와 마찬가지로 쓰인다. if나 Whether절에 or를 쓸 수도 있다. 하지만 discuss 다음에는 if를 쓸 수 없고 Whether만 써야 한다. 그리고 Whether A or B라는 표현은 A이든 B이든 무엇이라도 상관없다라고 한다.

4 as soon as possible

▸ I'll pay you **as soon as I receive** the package.
소포를 받자마자 네게 돈 줄게.

as soon as possible은 **가능한 한 빨리**란 뜻이다. 통신에서는 asap로 줄여 쓴다. 그리고 as soon as는 ~하자마자 곧이란 뜻이다. 시간을 나타내는 부사절이기 때문에 미래의 의미이더라도 현재시제 혹은 현재완료로 해야 한다.

I HAVE THE WRONG NUMBER
제가 잘못 걸었습니다

Sandra Hello, can I speak to Jesse Hanson?

George Uh, there's no one here by that name.

Sandra Is this **538-1234**[1]?

George Yes, it is ma'am, but I'm afraid there is no Jesse Hanson in this office.

Sandra **Sorry. I guess I have the wrong number[2]. Good-bye.**

George **Good-bye.**

S 여보세요, 제시 핸슨 있습니까?
G 어, 그런 이름을 가진 사람 여기에 없는데요.
S 거기 538-1234 아닙니까?
G 네, 번호는 맞지만 이 사무실엔 제시 핸슨이란 사람 없는데요.
S 죄송해요. 제가 잘못 걸었나 봐요. 안녕히 계세요.
G 네.

1 전화번호

전화번호를 말할 때는 숫자 하나하나를 기수로 읽어준다. 대화문의 538 - 1234는 five three eight one two three four라고 읽는다.
똑같은 숫자가 연속으로 나오면 double을 보통 사용한다. 예를 들어 307 - 4922는 three oh seven four nine double two라고 하면 된다.
0은 oh라고 읽지만 영국에서는 nought라고 하며 미국에서는 대개 zero라고 한다.

2 I guess I have the wrong number

I guess 다음에는 보통 that 절이 따라오며 해석은 ~인가 봐요, ~인 것 같네요라고 하면 무난하다.
I have the wrong number는 제가 전화를 잘못 걸었네요라는 뜻이다. I'm sorry. I've got the wrong number라고 하기도 한다.
반면 You have the wrong number, I'm afraid you've got the wrong number는 당신이 전화를 잘못 걸었군요라는 뜻이다.

Jane : Hello. Could/Can/May I speak to Tom?
여보세요. 톰 바꿔 주실래요?

Tom's mom : May I ask who's calling, please?
전화거신 분이 누구인가요?

Jane : This is Jane. Is that Tom's mother?
제인입니다. 전화 받으신 분은 톰의 어머니 되시나요?

Tom's mom : Yes. ① Hold on a moment. 그래. 잠깐만 기다려라.

Yes. ② I'm afraid he's not home. 그래. 톰이 집에 없구나.
Can I take a message? 메시지 전해줄까?

Jane : Yes. Could you ask him to ring me back this evening?
예. 톰에게 오늘 저녁에 전화하라고 전해주시겠어요?

DIALOGUE 4

YOU CAN PUT HER THROUGH

연결해 주세요

Andy   Good morning, ABC Company.

Kelly   Yes, good morning. May I speak to Mr.Tony Baker?

Andy   May I tell Mr.Baker what this is **in regard to**[1]?

Kelly   He's expecting my call. Tell him it's Kelly James calling.

Andy   Mr.Baker, I have Kelly James **on the line**[2].

Tony   You can **put her through**[3]. Hello, Kelly. How have you been?

Kelly   Pretty good, Tony. I'm calling about the singing ceremony.

A   안녕하세요, ABC 회사입니다.
K   네, 안녕하세요. 토니 베이커 씨와 통화할 수 있나요?
A   베이커 씨에게 무슨 용건이라고 전해 드릴까요?
K   그분이 제 전화를 기다리고 계세요. 켈리 제임스가 전화했다고 전하세요.
A   베이커 씨, 켈리 제임스 전화입니다.
T   연결해주세요. 안녕, 켈리. 잘 지냈어요?
K   아주 잘 지내요, 토니. 조인식 때문에 전화 걸었어요.

56

1 in regard to

> ▸ **With regard to** accommodation, there are several excellent hotels.
> 숙박에 관해서라면 훌륭한 호텔이 몇 군데 있긴 하다.

> ▸ **As regards** our working environment, the machines make too much noise.
> 근로 환경에 관해서라면, 기계 소음이 너무 심하다.

> ▸ If you have any questions **regarding** any of our services, please feel free to contact me.
> 서비스에 대해 의문이 있으시면 주저 마시고 연락 바랍니다.

in regard to는 ~에 관하여란 뜻으로 regarding, with regard to, as regards로 바꿔 쓸 수 있다. regard에 s가 붙는지 안 붙는지 그 차이에 주목해야겠다. regard는 존경respect, 주의attention, 안부greeting라는 뜻의 명사가 되기도 하고 생각하다, 간주하다, 관심을 갖다라는 뜻의 동사가 되기도 한다. 세 구문 다음에는 명사 상당어구, 즉 명사나 동명사가 올 수 있다.

대화문에서의 to는 전치사이다. to의 목적어는 앞에 위치한 what이다.

2 on the line

▸ Tony wants you on the phone. 토니한테서 전화 왔다.

▸ Tony's on the phone for you.

on the line은 on the phone과 같은 뜻이다. 어떤 사람에게로 전화가 와 있을 때 쓸 수 있는 유용한 표현이다. 단지 네 전화야라고 할 때는 You're wanted on the phone이라고 한다. 통화중이야라고 할 때는 The line is busy라고 한다.

3 put ~ through

through는 전치사로도 쓰이고 부사로도 쓰인다. through는 관통, 통과의 의미를 품고 있다. 그러므로 put ~ through가 이쪽 전화를 저쪽 전화로 연결해주다라는 것은 쉽게 알 수 있다.

이때의 through는 부사이다. 동사 + 부사인 경우 목적어가 인칭대명사일 경우에는 반드시 중간에 들어가야 한다. 하지만 look at은 목적어가 항상 at 다음에 위치해야 한다. 왜냐하면 at이 전치사이기 때문이다. 한 단어가 전치사로도 쓰이고 부사로도 쓰이므로 동사구로 익혀야 한다.

I CAN PAGE MR.TURNER

터너 씨에게 호출하겠습니다

Jesse   Good morning, Andy Turner's office.

Susan   Hello, I'd like to speak with Andy if he's in. I'm Susan Baker from Baker Company.

Jesse   Oh, yes, Ms.Baker. I can **page**[1] Mr.Turner if it's urgent.

Susan   Yes, it's rather important. **Tell**[2] him that the meeting has been pushed up an hour, so that it's at 9 a.m. **instead of**[3] 10 a.m.

J   안녕하세요, 앤디 터너 사무실입니다.

S   안녕하세요, 터너 씨가 자리에 계시면 통화하고 싶은데요. 베이커 회사의 수잔 베이커입니다.

J   아, 예, 베이커 양. 급한 일이라면 호출을 해드리겠습니다.

S   네, 아주 중요한 일이에요. 그분께 회의가 한 시간 앞당겨져서 오전 10시가 아니라 9시라고 전해주세요.

오 이런!!

1 page

> If you need me for anything, just **page** me.
> 무슨 일이든 내가 필요하면 그냥 호출해.

> I couldn't find Jenny at the airport, so I had to **page**.
> 공항에서 제니를 찾을 수가 없어서 방송으로 찾아야 했다.

여기서 page는 pager 무선 호출기로 메시지를 전함으로써 사람을 찾다란 뜻을 갖지만, 이외에 공공장소에서 사람을 찾기 위해 이름을 크게 부르거나 확성기로 이름을 외치는 것을 말하기도 한다.

2 tell 명령문

> **Try** again - you nearly did it!
> 다시 해봐. 거의 다 했잖아!

> **Do forgive** me - I didn't mean to interrupt you.
> 제발 날 용서해 줘. 널 방해하려고 한 게 아니야.

> Come and help me, **will you**?
> 와서 나 좀 도와줄래?

Tell him~ 문장은 명령문imperative 이다. Have a drink, Come here, Sleep well 이 모두가 명령문이다. 공통점이라면 동사 원형으로 시작한다는 점이다. 제안, 충고, 지시, 격려를 할 때 명령문을 쓴다.
명령문의 부정은 동사 원형 앞에 Don't를 붙인다. 명령문을 강조하려면 동사 원형 앞에 Do를 붙인다. 정중한 요청과 불만, 사과문에 쓰인다. 명령문 끝에 부가 의문문으로는 will you?, won't you?, can you?, can't you?, could you?가 적당하다. 1인칭 복수의 명령문은 let's~이다.

3 instead of ~ 명사/동명사

> Would you take a taxi **instead of** a bus?
> 버스 말고 택시 타겠어요?

> We should do something **instead of** talking about it.
> 말만 할게 아니라 뭔가 해야 해.

> If Joe can't attend the meeting, I could go **instead**.
> 조가 회의에 참석할 수 없으면 내가 대신 갈 수도 있어.

instead of~는 ~대신에란 뜻으로 명사나 동명사 v-ing 가 뒤따른다. instead만 쓰면 부사가 되며 대신이란 뜻이다.

PART 2

태도표현편

① 감탄과 칭찬

I'm proud of you

She was excellent
You did a good job
You're such a wonderful cook
You look great
Thank you for your compliment

Track-5

WARMING UP

I'm proud of you

George Nice work, Sandra! Your play was just super.

Sandra Really? Thanks.

George I'm proud of you.

Sandra I love to be on stage.

WORD

super 커다란, 훌륭한   proud 자랑스러운
play 놀다, 연기하다, 희곡   stage 무대

G 정말 잘했어요, 산드라! 연기가 아주 훌륭했어요.
S 정말이에요? 고마워요.
G 당신이 자랑스러워요.
S 무대에서 연기하는 게 난 너무 좋아요.

A -。 We're so proud of you, dear.
B -。 Thanks Mom and Dad.

얘야, 네가 자랑스럽구나.
엄마, 아빠 고마워요.

A -。 You have the prettiest smile.
B -。 Really?

미소가 대단히 아름답군요.
그래요?

A -。 What a wonderful picture!
B -。 Do you think so? Thank you.

멋진 그림이군요!
그렇습니까? 감사합니다.

A -。 You look wonderful. Have you been on a diet?
B -。 Yes. I've lost 6 pounds.

너 아주 좋아 보인다. 다이어트 했니?
그래. 6파운드 뺐어.

영화를 보면 신나는 장면에서 **"Bonanza!"** 라고
외치던데 무슨 뜻인가요?

bonanza란 본래 스페인어로 바다에서의 좋은 날씨, 번영이란 뜻입니
다. 캘리포니아를 비롯한 서부에서 광맥이 발견되었을 때 The mine is
in bonanza라고 한데서 비롯된 거죠. 그래서 **bonanza**는 뜻밖의 횡재,
즉 노다지를 가리키는 말로 굳어졌습니다.

SHE WAS EXCELLENT
그녀는 훌륭했어요

Sandra   How was the dance recital?

George   Great! The children did a beautiful job¹.

Sandra   I bet they were cute.

George   Oh, they were. Their costumes were darling².

Sandra   Did Jane dance well³?

George   She was excellent. She got a standing ovation⁴.

S   댄스 리사이틀(발표회) 어땠어요?
G   굉장했어요! 아이들이 멋지게 해냈어요.
S   분명 귀여웠을 거예요.
G   오, 정말 그랬어요. 의상이 깜찍했어요.
S   제인은 춤을 잘 추던가요?
G   훌륭했어요. 기립박수도 받았어요.

1 job

▸ There's no need to thank me. I was just **doing my job**.
고마워할 필요 없어요. 그저 제 일을 했을 뿐이니까요.

▸ She's **made a good job of** decorating.=she has done it
well
그녀는 장식을 아주 잘했다.

job은 일(work), 볼일의 뜻을 가지고 있다. do a job은 일[작업]을 하다란 뜻이며, job 앞에 good, excellent, great, marvellous와 같은 형용사가 올 수 있다. 기본 동사가 어떤 때에 do가 붙고 make가 붙는지 주의해야 한다. 일상회화에서 직업을 물을 때 What is your job?보다는 What do you do for a living? 어떤 일을 하시나요?이 바람직하다. 흔히 쓰이는 아르바이트란 말은 원래 독일어이다. 영어로는 part-time job이라고 한다.

2 darling

darling은 알다시피 사랑하는 연인이나 부부끼리 서로를 부르는 애칭이다. sweetheart나 honey로 부르기도 한다.
어니스트 헤밍웨이의 걸작이며 영화화되어 인기를 끈 〈누구를 위해 종은 울리나 For whom the bell tolls〉에서 게리 쿠퍼는 잉그리드 버그만을 My rabbit 나의 토끼이라고 부르기도 했다. 하지만 여기서 darling은 호칭이 아니라 형용사로서 **사랑스런**, **매력적인**이란 뜻으로 쓰였다.

3 dance well

▸ She **dances well**.   동사와 부사 활용
▸ She is **a good dancer**.   형용사와 명사를 활용
▸ She **is good at** dancing. be good at 어구 활용

그녀는 춤을 잘 춘다고 말할 때는 위와 같이 표현한다.

4 a standing ovation

▸ 60,000 fans **gave the rock group a thunderous ovation**.
육만여 명의 팬들이 록 그룹에게 우뢰와 같은 박수를 보냈다.

ovation은 clap 손뼉치다, 박수치다을 의미한다. 물론 ovation은 명사이고 clap은 동사이다. a standing ovation은 최고의 찬사를 보낼 때 일어서서 standing 박수를 보내는 것, 즉 기립박수를 의미한다.

YOU DID A GOOD JOB
잘했어요

Andy   Kelly, I **was happy with**[1] your presentation yesterday.

Kelly   Thank you, sir. I **did my best**[2].

Andy   Well, you **did a good job**[3]. You had some excellent ideas.

Kelly   I enjoyed **working on it**[4].

Andy   I want you to do another presentation next month.

Kelly   Alright.

A   켈리, 어제 자네 발표는 아주 마음에 들었어.

K   감사합니다. 최선을 다했습니다.

A   그래, 아주 잘 했더군. 아이디어가 훌륭했어.

K   작업하는 게 즐거웠습니다.

A   다음 달 발표도 자네가 했으면 하네.

K   그러겠습니다.

1 be happy with

▸ Are you **happy with** your new car?
새 차 맘에 들어?

▸ I'm not really **satisfied with** the way he cut my hair.
그가 잘라준 머리모양이 정말 마음에 드는 건 아니다.

~에 만족하다, ~을 맘에 들어하다를 표현할 때는 be happy [content/satisfied] with + something으로 한다. 혹은 I love[like] + something으로 간단하게 표현한다.

2 do my best

▸ We'll **do our best to finish** it on time.
시간에 꼭 맞춰 끝내도록 최선을 다하겠습니다.

▸ As long as you **do your best** we'll be happy.
네가 최선을 다하기만 하면 우린 기쁠 거야..

최선을 다하다라고 얘기할 때는 do one's best라고 하며, 무엇에 대해 최선을 다하는지 말할 때는 do one's best to do something이라고 하면 된다.

3 do a good job

▸ Sarah **made a really good job of** that presentation.
사라가 한 발표는 정말로 훌륭했다.

일을 아주 잘했다고 칭찬할 때 You did a good job!이라고 한다. do대신에 make를 써서 make a good/bad job of something 일을 잘하다/못하다으로 하기도 한다. 더 간단하게는 Good job! 잘했어!이라고 할 수도 있다. good 대신에 great, marvellous 등 다른 형용사를 쓸 수 있다.

4 work on it

▸ Ken was **working on** some sets for an opera at the Met.
켄은 메트로폴리탄에서 오페라 세트작업을 하고 있었다.

▸ My parents spent the weekend **working on** me to go on a holiday with them.
부모님이 주말 동안 계속 같이 휴가 가자고 날 설득했다.

work on은 뭔가를 만들거나 고치느라고 시간을 보내는 것을 말한다. 일을 계속하다, ~에 효험이 있다, 작용하다로 해석한다.

YOU'RE SUCH A WONDERFUL COOK

당신은 정말 훌륭한 요리사군요

George	Sandra, dinner was just delicious.
Sandra	Well I'm glad you **enjoyed**[1] it, George.
George	You're **such**[2] a wonderful cook.
Sandra	I **owe it all to**[3] my mother.
George	And I **love**[4] how you've decorated your home.
Sandra	I'm going to invite you over more often.

G   산드라, 저녁 아주 맛있었어요.
S   좋아하셨다니 저도 기쁘네요, 조지.
G   당신은 정말 훌륭한 요리사네요.
S   모두 저희 어머니 덕분이에요.
G   집 꾸며놓은 것도 맘에 들어요.
S   더 자주 초대해야겠네요.

이게 뭐냐...

1 enjoy

▸ I wouldn't **enjoy sitting** at a desk all day.
하루 종일 책상에 앉아 있는 건 싫어요.

enjoy는 동명사를 목적어로 취한다. enjoy는 즐기다란 뜻으로 다분히 현재적 의미를 갖고 있기 때문에 미래지향적 의미인 to부정사를 취할 수 없다.
하지만 decide, remember는 각각 ~하겠다고 결정하다, ~을 할 것을 기억하다라는 뜻의 미래지향적 의미를 갖고 있기 때문에 to부정사를 취한다.

2 such

such + 관사 + 형용사 + 명사 어순
▸ She is **such a good dancer**

so + 형용사 + 관사 + 명사 어순
▸ She is **so good a dancer**

▸ It's **such a good film** that I'd like to see it again.
영화가 정말 좋아서 다시 한 번 보고 싶다.

명사를 강조할 때는 such와 so 두 가지 방법이 있다.

3 owe it all to

▸ I knew that I **owed my life to Sarah**.
사라 덕분에 내가 살았음을 난 알았다.
▸ As all you know, my name is Mary Smith. **X**
▸ As **you all** know, my name is Mary Smith. **O**
모두 알듯이 제 이름은 메리 스미스입니다.

A는 B덕분이다를 표현할 때는 owe A to B를 이용한다. 어순을 바꿀 때는 owe + B + A로 한다. 그리고 목적어 it을 강조하는 all은 반드시 it 다음에 위치하며, all of는 it 앞에 위치한다.

4 love

▸ I'm sure that once you see Venice, you'll **love it**.
베니스를 보기만 하면 정말 맘에 들거야.
▸ I **love him very much.**
나는 그를 너무나도 사랑한다.

love는 like보다 강한 의미를 갖고 있다. love인 경우 사람을 사랑한다고 할 때에는 very much라는 부사구와 함께 써도 되지만 그 외의 사물이나 활동을 좋아한다고 할 때는 very much를 쓸 수 없다.

YOU LOOK GREAT
당신 정말 멋져요

Andy   I love what you've done with your hair.

Kelly   **Really**[1]? I think it looks kind of strange.

Andy   No! You look great as **a blonde**[2].

Kelly   But now I'll need to buy new clothes to **match**[3] my hair.

Andy   I don't think so. That green sweater looks good on you.

Kelly   Thanks.

A   네 머리 바꾼 것이 난 정말 마음에 들어.

K   정말이니? 난 좀 이상한 것 같은데.

A   아냐! 금발로 바꾸니까 정말 멋져.

K   하지만 이젠 내 머리 색깔에 맞는 옷을 새로 사야 할 것 같아.

A   난 그렇게 생각하지 않아. 그 초록색 스웨터가 너하고 아주 잘 어울려.

K   고마워.

1 really

> ‣ That's a **really good** idea. 형용사 앞에
> ‣ That **really** is a good idea. 동사 앞에
> ‣ To his great amazement, little Nicola **actually** won the race.
> 놀랍게도 꼬마 니콜라가 경주에서 이겼다.

Really?는 정말?, 진짜예요?란 뜻으로 놀라움을 표현하는 말이다. 부사 really(very)는 무엇을 강조하느냐에 따라 위치가 달라지지만 대개는 수식하는 형용사나 부사 바로 앞에 그리고 동사 바로 앞에 위치한다. 보통 really와 actually는 비슷하게 쓰이지만 예상과는 달리란 뜻일 때는 actually가 쓰인다.

2 blonde

> ‣ a. Mary is **blonde**. 형용사 금발머리인
> ‣ b. Mary is a **blonde**. 명사 금발미녀

형용사 blonde와 명사 blonde의 차이점을 알아보자. a의 형용사인 blonde는 메리가 갖고 있는 많은 속성들 가운데 하나로서 머리가 금발이다는 것만을 묘사하는 반면, b의 명사인 blonde는 메리를 금발미녀라는 틀에 집어넣음으로써 머리 색깔 이외에 메리가 여성이며 섹시하고 육체미가 있다는 다른 속성에 대해서도 암시를 준다.

3 match

> ‣ Your socks don't **match**.
> 당신 양말이 짝짝이야.
> ‣ No one can **match** Holden when it comes to winning an argument.
> 말싸움으로는 그 어느 누구도 홀든을 당할 자가 없다.

match는 동사로서는 ~에 어울리다, 조화되다, 경쟁하다란 뜻이 있으며, 명사로서는 성냥, 짝, 배우자, 시합의 뜻을 갖는다. 중매는 matchmaking이며 중매쟁이를 matchmaker라고 한다.

DIALOGUE 5

THANK YOU FOR YOUR COMPLIMENT
칭찬해주셔서 감사합니다

Susan   You have a very good voice. I think you are **a diamond in the rough**[1].

Jesse   Thank you for your compliment.

Susan   Have you ever thought about becoming a singer?

Jesse   Yes, but a good voice **alone**[2] doesn't make a singer.

Susan   That's **true**[3], but talents **are bound to**[4] find luck sooner or later.

S   목소리가 참 좋네요. 당신은 숨은 인재예요.
J   칭찬해줘서 고마워요.
S   가수가 되려는 생각을 해 본 일이 있나요?
J   네, 하지만 목소리만 좋다고 해서 가수가 되는 것은 아니잖아요.
S   그건 사실이지만, 재능이란 언젠가 운을 만나게 마련이지요.

1 a diamond in the rough

a diamond in the rough는 미국에서 쓰이는 구어체 표현이다. 글자 그대로 해석하면 rough 거친 **상태의 다이아몬드**, 즉 깎지 않은 다이아몬드이다. 구슬도 꿰어야 보배이듯이 다이아몬드도 깎아야 보석으로서의 진가를 발휘하게 된다.

사람을 가리킬 때는 **개발되지 않은 사람, 숨은 인재**를 말한다. 혹은 다소 무례한 rude 행동을 취하지만 실제로는 친절하고 kind, 다정하고 friendly, 마음이 너그러운 generous 사람을 가리킨다. 영국에서는 rough diamond라고 한다.

2 alone

▸ I've thought about getting married, but I prefer living **alone**.
결혼을 할까 생각해봤지만 혼자 사는 게 난 좋다.

▸ Sarah hated the long **lonely** days in the empty house.
사라는 빈집에서의 길고도 외로웠던 시절을 싫어했다.

alone과 lonely를 비교해보자. alone 혼자 은 다른 사람들이 주위에 없는 것을 말하며, lonely 외로운는 사람들이 자신을 좋아하지 않고 신경 쓰지 않는다고 느껴지거나 혼자라서 슬픈 감정을 말한다.

3 true

▸ His dream **came true** on the day apartheid was abolished.
아파르트헤이트인종차별정책가 폐지된 바로 그 날 그의 꿈은 이루어졌다.

true 진실한, 진짜의와 관련한 숙어 하나 익혀보자. come true 실현되다가 그것이다. become true는 틀린 표현이다.

4 be bound to

▸ John **felt bound to** tell Katherine about the job.
존은 그 일에 관해 캐서린에게 말해야겠다고 느꼈다.

▸ The planes **bound for** Somalia carry food and medical supplies.
소말리아로 향하는 비행기들은 식량과 의료 물자를 수송한다.

be/feel bound to do something은 ~을 해야 한다/해야 한다고 느끼다, ~을 하게 마련이다를 뜻한다. be bound for는 ~로 향하는, ~행(行)이라는 뜻이다.

② 사과와 용서

I'm sorry

I'm really sorry for all the trouble
Excuse my appearance
Apologize
Please forgive me
Give me a second chance

Track-6

WARMING UP

I'm sorry

George   Watch out! Now you've spilled your coffee.

Sandra   I'm sorry. It was very careless of me.

George   That's all right. It is nothing.

WORD

spill 엎지르다   watch 지켜보다   watch out! 조심해!
careless 부주의한   it's nothing 괜찮아, 아무것도 아냐

G   조심해요! 커피를 엎질렀어요.
S   미안해요. 제 실수였어요.
G   괜찮아요. 아무것도 아니에요.

74

A ─° Dave, sorry I forgot to bring your book.

B ─° No big deal.

데이브, 네 책 가져오는 걸 깜빡했어.
괜찮아.

A ─° I'm sorry. I really screwed up.

B ─° It was an honest mistake.

미안해요. 내가 엉망으로 만들어 버렸네요.
악의로 한 실수가 아니잖아요.

A ─° It's my fault. I'm so sorry.

B ─° Oh, no, it's entirely my fault.

제 잘못입니다. 정말 죄송합니다.
아니에요. 제가 잘못했습니다.

A ─° I'm really sorry I was late. It won't happen again.

B ─° It had better not!

늦어서 정말 죄송해요. 다시는 안 그럴게요.
그러지 말아야지!

친구하고 싸우고 나서 화해하여
"툭 터놓고 얘기나 해보자"고 말했습니다.
영어로는 뭐라고 하는지 궁금하네요.

Give it to me straight라고 하면 됩니다. give it to me는 tell me란
뜻이고 straight는 솔직히란 뜻입니다. 비슷한 표현으로는 Be upfront
with me, Tell me the truth, Be frank with me, Put the cards on
the table이 있습니다.

Track 6

I'M REALLY SORRY FOR ALL THE TROUBLE

폐를 끼쳐서 정말 죄송해요

Sandra   Thanks for coming **all**[1] the way out here to fix this roof.

George   **No problem**[2], Sandra.

Sandra   Really, I don't know who else I could have called.

George   I'm just glad I was able to help.

Sandra   Again, thanks a lot and **I'm really sorry for all the trouble**[3].

S   이 지붕을 고치려고 멀리 이곳까지 와줘서 고마워요.
G   별것도 아닌데요. 뭘.
S   따로 전화할 만한 사람을 정말 모르겠더라구요.
G   도와줄 수 있어서 저는 기쁜 걸요.
S   고마워요. 여러 가지로 폐를 끼쳐서 정말 미안해요.

1 all

▸ **All that** I have is yours.
내가 가진 것은 전부 네 거야.

▸ **All** I want is a place to sleep.
내가 바라는 거라곤 잠잘 곳이야.

▸ This is **all** I've got.
내가 가진 거라곤 이게 전부야.

all에 관해서 알아보자. **모든 사람들**을 의미할 때 all만 단독으로는 쓰이지 않는다. 즉, All stood up이란 문장은 틀린 것이다. Everybody stood up이라고 해야 옳다. all + 관계절의 구조에서만 all이 모든 것을 뜻한다. 즉, She lost all은 틀린 문장이다. She lost everything이라고 해야 옳다.
That's all이란 표현도 익혀두면 좋겠다. 이게 전부야, 끝났어란 뜻이다. all이 다소 부정적인 의미로 쓰일 때가 있다. 더 이상 없다, 이게 유일하다란 의미로 쓰이는 경우도 있다.

2 No problem

A : Could you help me move this sofa?
이 소파 옮기는 걸 도와주시겠어요?

B : **No problem.**
문제없어요.

A : Thanks so much for your help.
도와줘서 정말 고마워요.

B : Oh, **no problem.**
아, 아무것도 아니에요.

No problem은 두가지 경우에 쓰인다. 상대가 부탁을 했는데 기꺼이 할 의향이 있다고 말할 때, 그리고 상대가 고맙다고 말하거나 미안하다고 말해서 **별거 아니다**, 혹은 **괜찮다**라고 할 때 No problem이 쓰인다.

3 I'm sorry for the trouble

상대에게 **죄송합니다**라고 사과할 때의 표현이다. I'm sorry 다음에는 위 대화문처럼 for + 명사구로 쓰거나 to + 동사 원형도 쓴다. 그리고 I'm sorry I didn't finish the work 그 일을 다 끝내지 못해서 죄송해요처럼 절이 오기도 한다. 혹은 I'm sorry to trouble[bother] you, but could you help me with this? 번거롭게 해서 죄송하지만 이것 좀 도와주시겠어요?처럼 공손하게 의뢰할 때도 쓰인다.

EXCUSE MY APPEARANCE

이 꼴로 손님을 맞아서 죄송해요

Andy   Hello, Kelly!

Kelly   Hi, Andy, **what a nice surprise**[1]! Come on in.

Andy   Thank you.

Kelly   **Excuse my appearance**[2]. I just took a shower.

Andy   That's all right. I **shouldn't have barged in**[3] like this.

Kelly   That's Okay. Have a seat and make yourself comfortable.

Andy   Thank you.

A   안녕, 켈리!
K   안녕, 앤디, 정말 뜻밖이네! 어서 들어와.
A   고마워.
K   이런 모습이어서 미안해. 지금 막 샤워를 했거든.
A   괜찮아. 내가 갑자기 쳐들어오는 게 아닌데.
K   괜찮아. 편안히 앉아.
A   고마워.

1 what a nice surprise

> ‣ Rebel **took** the town **by surprise**.
> 반란군이 불시에 마을을 습격했다.
>
> ‣ Joan, **what a lovely surprise** to see you again!
> 이게 웬일이야, 조안 널 다시 만날 줄이야!

surprise는 놀라게 하다란 뜻의 동사로 많이 쓰이지만 What a surprise 아니, 이 게 웬일이야! 라는 문장에 볼 수 있듯 명사로도 상당히 많이 쓰인다.
surprise party는 친구의 생일에 본인 모르게 계획한 깜짝 파티를 뜻한다. by surprise는 suddenly 갑자기, 불시에의 뜻이다. Surprise!는 깜짝 놀랄 일을 상대 에게 보여주기 전에 하는 말로 기대하시라 개봉박두!의 뉘앙스로 생각하면 된다.

2 excuse my appearance

Excuse my appearance는 내가 나타나서 미안하다라고 해석하기 쉬운데 이때 appearance는 모습, 차림새, 외모를 뜻하기 때문에 내 모습을 용서하라, 즉 이런 꼴 로 손님을 맞게 되어 미안하다라는 말이다.
더워서 웃통을 벗고 있는데 갑자기 손님이 불쑥 찾아왔을 때 Excuse my appearance란 말을 할 수 있다. 남자가 여자 방에 들어갈 때 Are you decent? 라고 묻는다. decent는 옷을 제대로 입고 있는, 복장이 점잖은이란 뜻이다. 그러므 로 Are you decent?는 이제 들어가려고 하니 옷을 제대로 안 입었다면 갖춰 입으 라고 미리 예고하는 말이다.

3 shouldn't have barged in

> ‣ I think he **should have tried** to get some more qualification before applying for the job.
> 취업 원서를 내기 전에 그는 자격을 더 갖추도록 노력했어야 한다고 생각해.
>
> ‣ I wish she wouldn't **barge in** like that.
> 그녀가 이런 식으로 불쑥 들어오지 않았으면.

barge in은 무례하게 들어가다, 찾아가다라는 뜻이다. shouldn't have + 과거분사 는 ~하지 말았어야 했다는 뜻으로 과거의 일에 대한 반성의 의미가 있다.
cannot have + 과거분사는 ~했을 리가 없다라는 뜻으로 과거의 일에 대한 강한 의 심을 표현한다.

Track 6

APOLOGIZE

사과해

Sandra That was a terrible thing to **say**[1] to Julia.
You know she's sensitive about her weight.

George I only said it as a joke.

Sandra Maybe so, but some jokes aren't funny.

George I didn't mean to hurt her feelings[2].

Sandra Then **apologize**[3] and don't ever do it again.

S 줄리아한테 그런 밀 하는 게 아니야.
몸무게에 대해 민감한 거 알잖아.
G 그냥 농담으로 한 말이었어.
S 그랬겠지만 장난으로 할 농담이 따로 있지.
G 그녀의 기분을 상하게 할 생각은 아니었어.
S 그럼, 사과하고 다시는 그러지 마.

1 say

> ‣ I **said to him** that I had to leave.
> 나는 그에게 떠나야한다고 말했다.

> ‣ He **explained to me** that he should go right now.
> 그는 내게 지금 당장 가야한다고 설명했다.

~에게 말하다라고 할 때 say 다음에 ~에게란 말이 직접 나오지 않는다. 반드시 to 란 전치사를 대동한다. 사람 목적어를 직접 취하는 tell과 구별해야한다. say와 비슷한 성격을 가진 동사로는 explain이 있다. A에게 B를 설명하다라고 할 때 explain to A + B(절)로 해줘야한다.

2 I didn't mean to hurt her feelings

> ‣ I'm sorry, **I didn't mean it** - it was a stupid thing to say.
> 죄송해요, 그럴 생각은 아니었어요. 그렇게 말하다니 바보같은 짓이었어요.

> ‣ What really **hurts** is that he never even said good-bye.
> 진짜 화가 나는 것은 그가 잘가란 인사 한마디 안 했다는 것이다.

mean to + 동사 원형은 intend to + 동사 원형과 마찬가지로 ~할 작정이다란 의미를 가진다. 상대의 감정을 다치게 하거나 화나게 할 생각은 아니었다고 사과할 때 I didn't mean it, I didn't mean it all, I didn't mean to hurt you라고 한다. 이와 비슷한 표현으로 I hope I didn't offend you 기분을 상하게 하지 않았는지 모르겠군요가 있다.

자기가 한 말에 대해 다시 강조하며 정말입니다라고 할 때는 I mean it. I really mean it 으로 반복 사용한다.

feeling에 복수를 취해 feelings 감정가 되는 것에 주의하기 바란다. 감정은 셀 수 없으니까 feeling이라고 착각하기 쉬우니까 말이다. hurt는 육체적으로 뿐만 아니라 감정적으로 상처주고 상처 입는 것도 포함한다.

3 apologize

apologize 사과하다는 apologize (to somebody) for (doing) something의 구문으로 쓰인다. 즉 apologize는 사람 목적어를 직접 취하지 못하고 to + 사람으로 해야 한다.

DIALOGUE 4   Track 6

PLEASE FORGIVE ME
제발 용서해 주세요

Kelly | I don't know how to tell you this[1] but I broke your crystal vase.

Amdy | You what!

Kelly | I'm sorry. It was an accident[2].

I was just[3] looking at it and it slipped.

Amdy | What[4] were you doing picking it up?

Kelly | I said I'm sorry. Please forgive me.

K 어떻게 말씀드려야할지 모르겠지만 크리스탈 꽃병을 깨뜨렸어요.
A 뭐라고요?
K 죄송해요. 우연이었어요. 꽃병을 보고 있었는데 그게 미끄러졌어요.
A 도대체 뭘 하려고 꽃병은 들고 있었던 거죠?
K 미안해요. 제발 용서해 주세요.

¹ I don' t know how to tell you this

곤란한 얘기를 꺼낼 때 본론으로 들어가기 전에 하는 말이다. 어떻게 말씀드려야할지 모르겠습니다만이라고 해석하면 된다. 이 문구 이후에는 난처한 상황이 뒤따른다.

² accident

> ‣ I met him quite **by accident[chance]**.
> 나는 그를 우연히 만났다.

고의가 아니라 우연적으로 생긴 사고라고 할 때 It was an accident라고 한다. 보통 accident는 traffic accident를 가리키지만, 이처럼 우연에 의해 생긴 일을 말하기도 한다.

by accident 혹은 by chance라고 하면 우연히란 뜻의 숙어가 된다. 한 단어로는 accidentally라고 한다.

³ just

> ‣ In the evening you should practice what you have **just** learned during the day.
> 밤에는 낮에 배웠던 것을 연습해야 한다.

just는 always, already, really 같은 부사와 마찬가지로 be동사와 조동사 다음에 그리고 일반 동사 앞에 위치한다. just가 형용사로 쓰일 때는 정당한, 공정한이란 뜻이다.

⁴ what

> ‣ **What writers** do you like? 선택 폭이 넓음
> 어떤 작가를 좋아하니?
> ‣ **Which color** do you want - green, red, yellow or brown? 선택 폭이 좁음
> 녹색, 빨간 색, 노란 색, 갈색 중에서 어떤 색 할래?
> ‣ **What** would you like to eat?
> 뭘 먹고 싶어?

의문사 what에 대해서 알아보자. 한정사로 쓰일 때 what은 which와 마찬가지로 명사 앞에 위치한다. 수가 적은 것 중에서 선택하라고 할 때는 which를 쓰는 반면 많은 것 중에서 선택하라고 할 때는 what을 쓴다.
관계 대명사 what은 선행사(명사) + 관계 대명사를 한꺼번에 포함한다. 즉 I gave her the money what she needed는 잘못된 문장이다. I gave her what she needed 그녀에게 필요한 것을 주었다 가 바른 문장이다.

DIALOGUE 5

GIVE ME A SECOND CHANCE
내게 한 번만 더 기회를 줘

Susan Did your wife forgive you for playing cards last night?

Jesse Not yet. I begged her to give me **a second chance**[1].

Susan Second chance? More like 50th chance!

Jesse You have a point.

Susan Did you try to **kiss and make up**[2]?

Jesse That doesn't **work**[3] anymore. Maybe I'll **cancel**[4] my card game tonight.

S 어젯밤 포커 친 것에 대해 아내가 널 용서했어?
J 아직은 아냐. 한 번만 더 기회를 달라고 애원했는데도 말야.
S 한 번 더 기회를 달라고! 아마 그렇게 말한 것이 50번도 더 될 거다.
J 알아.
S 키스하고 화해하려고 해봤어?
J 그것도 더 이상 안 통해. 아마 오늘 밤 하기로 한 포커 게임도 취소해야 할까봐.

1 a second chance

다시 한 번 기회를 달라고 할 때 Give me a second chance라고 한다. second thought는 다시 생각하는 것을 말한다. on second thoughts는 다시 생각해보니 란 뜻이다. second-hand는 중고품이란 뜻이다.

2 kiss and make up

> She told me what to wear and how to **put on my make-up**.
> 그녀는 내게 입을 옷과 화장하는 법을 가르쳐줬다.

> Women **made up** only 30% of the work force.
> 여성은 노동인구의 30%에 불과하다.

kiss and make up은 서로 키스하고 용서하다를 뜻하며, 부부가 서로를 용서하는 달콤한 화해 방법이다.

make up은 화장하다, 메우다, 작성하다, 날조하다, 구성하다의 뜻으로 쓰인다. 미국에서 쓰이는 make-up test는 시험을 안 봤을 경우 나중에 보는 재시험을 가리킨다.

3 work

> What do you think of Jill's suggestion? Will it **work**?
> 질이 내놓은 제안 어떻게 생각해? 성공할 것 같아?

> I told Mom I was too sick to go to school, but it didn't **work**.
> 엄마한테 너무 아파서 학교에 못 간다고 말했지만 효과가 없었다.

work의 여러 가지 뜻 중에는 작동하다, 효과가 있다란 뜻도 있다.

4 cancel

> Five of their players were either ill or injured, and so the match had to be **cancelled**.
> 선수 다섯 명이 아프거나 부상당해서 경기가 취소될 수밖에 없었다.

타동사 cancel은 취소하다란 뜻이다. 즉 예정된 행사가 열리지 못하게 되었을 때 cancel을 쓴다. 하지만 미뤄진 경우는 put off 또는 postpone을 쓴다. cancel과 동의어는 call off이다.

③ 축하와 기원 PRAYER AND CELEBRATION

Congratulations!

I wish you luck
Congratulations!
Congratulations on your wedding!
I'll keep my fingers crossed
They celebrate everything!

 Track-7

WARMING UP

Congratulations!

George   Congratulations! Here's a little present for you.

Sandra   Oh, thank you very much. Can I open it?

George   Yes, of course. I hope you like it.

WORD

little 작은   present 선물, 주다, 참석한
open 열다, 개방된   hope 바라다

G   축하해요! 이거 작은 선물이에요.
S   아, 고마워요. 열어봐도 될까요?
G   물론이죠. 마음에 들면 좋겠어요.

A –∘ Many happy returns.
B –∘ Thanks.

생일 축하합니다.
고마워요.

A –∘ Happy Halloween, Sara.
B –∘ Same to you, Bill.

사라, 즐거운 할로윈 보내요.
빌, 당신도요.

A –∘ Happy Thanksgiving Day!
B –∘ The same to you!

즐거운 추수 감사절을 맞으세요!
당신도요!

A –∘ Happy Easter, kids.
B –∘ Happy Easter, Daddy.

얘들아, 즐거운 부활절 지내렴.
아빠도 즐거운 부활절 보내세요.

미국에서는 **"결혼식 날 신부가 4가지 물건"**을
지녀야 한다고 하는데 그게 뭔가요?

신부가 결혼식 날 4가지 물건, 즉 something old, something new, something borrowed, something blue(오래된 물건, 새로운 물건, 빌린 물건, 파란색 물건)를 지니면 행운이 온다고 합니다. 아마도 이 모든 것을 갖춰야 가장 축복 받은 신부의 모습이겠지요.

DIALOGUE 1 Track 7

I WISH YOU LUCK
행운을 빌게요

George	Hey, Sandra. **Congratulations on**[1] your new job!
Sandra	Thanks, George. It looks like it's going to be a challenge too.
George	**Well**[2], I wish you luck[3].
Sandra	Thanks. I'll need it.

G 산드라. 취직된 것 축하해!
S 고마워, 조지. 힘든 일이 될 것 같지만 말이야.
G 행운을 빌겠어.
S 고마워. 운이 있어야지.

마디야!
어디가?

1 congratulations on

> Many **congratulations** to you both. I'm sure you'll be very happy together.
> 두 분 모두 정말 축하드려요. 함께 있으니 행복할 거라고 믿어요.

> **Congratulations** on your promotion. You certainly deserve it.
> 승진 축하해요. 당신은 그럴 만한 자격이 있어요.

Congratulations!는 주로 결혼이나 졸업을 축하할 때 그리고 노력으로 얻은 성공을 축하할 때 사용하는 말이다.

congratulations on ~ 은 ~을 축하하다라는 뜻이다. 결혼에서 이런 말을 하는 것은 상대를 갖은 노력으로 차지했으니까 잘 해냈다라는 의미에서이다.

congratulations의 복수어미 s를 빼먹지 말아야겠다. 축하에 대한 대답으로는 Thank you가 가장 무난하다.

2 well

> George can't come because he's not very **well**.
> 조지는 건강이 그리 좋지 않아서 오지 못한다.

> Everything was **fine** until somebody came and sat on the seat next to mine.
> 어떤 사람이 내 옆에 앉을 때까지만 해도 모든 게 좋았다.

well은 글쎄요, 저, 음의 뜻으로 말을 주저하거나 망설일 때 쓰인다. well은 대개 부사로 쓰이지만 형용사로 쓰일 때는 건강한이란 뜻이다.

3 I wish you luck

I wish + ~에게 + ~을/를은 ~에게 성공이나 행운을 빌다라는 뜻을 나타낸다. 이 표현은 공손한 의미이지만 I wish + ~에게를 빼주면 스스럼없는 표현이 된다. Happy New Year!나 Merry Christmas!도 I wish you a happy New Year!, I wish you a Merry Christmas!에서 앞부분을 뺀 것이다.

단, ~에게 부분이 뒤로 갈 경우에는 I wish all the success to you and your friends 당신과 당신 친구의 성공을 바랍니다처럼 to를 붙인다.

Track 7

CONGRATULATIONS!
축하해요!

Andy   You've **had a baby**[1]!

Kelly   Yes, I had a boy.

Andy   Congratulations! How **much**[2] did he **weigh**[3]?

Kelly   Seven pounds.

Andy   Oh, that's a big baby.

A   아이를 낳았군요!

K   예, 아들입니다.

A   축하해요! 체중이 얼마였어요?

K   7파운드였어요.

A   아기가 크군요.

나랑 안놀래?

응 안놀래~

1 have a baby

> ‣ I think she **had the baby** in June.
> 그녀는 6월에 아이를 낳았을 거야.
> ‣ She's **expecting (a baby)**.
> 그녀는 임신중이다.

have a baby와 expect a baby를 잘 구별해야겠다. 전자는 아이를 낳다, 출산하다의 뜻이고 후자는 뱃속에서 아이가 자라고 있다, 임신하다의 뜻이다.

2 much

> ‣ **How** much money have you got?
> 돈 얼마나 갖고 있어?
> ‣ I haven't got **many** suitcases.
> 여행 가방은 그리 많이 갖고 있지 않다.
> ‣ You make too **many** mistakes.
> 넌 실수를 너무 많이 해.

much와 many에 대하여 알아보자. 구어체에서 much와 many는 대개 부정문과 의문문에 그리고 so, as, too 다음에 쓰인다.
물론 much는 셀 수 없는 명사 앞에 many는 셀 수 있는 명사 앞에 쓰인다. 긍정문 (so, as, too 다음에 쓰일 때를 제외하고)에서는 다른 표현(a lot of, lots of, plenty of)이 쓰인다. 하지만 문어체에서는 긍정문이라도 many와 much를 쓴다.

3 weigh

> ‣ Our christmas turkey **weighed** 16 pounds.
> 우리가 산 크리스카스 칠면조는 무게가 16파운드였다.
> ‣ Have you **weighed yourself** lately?
> 최근에 몸무게 재 본 적 있어요?
> ‣ We have to **weigh** the costs of the new system.
> 우리는 새로운 시스템에 들어갈 비용을 고려해야 한다.
> ‣ His opinion doesn't **weigh** with me at all.
> 그의 의견 따위는 내게 아무런 의미가 없다.

weigh는 무게가 ~이다, 무게를 재다, 심사숙고하다, 중요시되다의 뜻으로 쓰인다.

Track 7

CONGRATULATIONS ON YOUR WEDDING!

결혼 축하해!

George Congratulations on your wedding!

Sandra Thank you. It seemed like a dream.

George How many people attended?

Sandra We had about two hundred guests.

George Well, I'm sorry we **couldn't**[1] be there but **all the best**[2] for a lifetime of happiness.

G 결혼 축하해요!
S 고마워요. 정말 꿈만 같았어요.
G 참석한 사람이 몇 명이었어요?
S 약 200명의 손님이 왔어요.
G 참석하지 못해서 미안해요. 아무튼 오래오래 행복하세요.

그럼 뭐하지..

1 can, could

▸ She **could** read when she was four. 일반적 능력
그녀는 네 살 때 글을 읽을 줄 알았다.

▸ How many eggs **were** you **able to** get? 순간 능력
계란을 얼마나 얻을 수 있었어?

can과 could는 능력을 나타내는 조동사이다. can의 과거형 could는 원하기만 하면 언제라도 발휘되는 일반적인 능력에 쓰인다.

어떤 특정 상황에만 발휘되는 능력에 대해서는 could가 아니라 managed to, succeeded in, was able to가 쓰인다.

하지만 특정 상황에서 어떤 일을 하는 데 성공하지 못했다고 할 때는 couldn't를 쓸 수 있다.

2 all the best

▸ **All the best** for the New Year!
새해 복 많이 받으세요!

all the best는 앞으로 좋은 일이 있기를 기원할 때 쓰인다.

Proverbs

• **All's well that ends well.**
끝이 좋으면 모두 다 좋다.

• **Tomorrow is another day.**
내일은 내일의 태양이 떠오른다.

• **Where there's a will, there's a way.**
뜻이 있는 곳에 길이 있다.

• **You can't have your cake and eat it too.**
다 좋을 수 없다. / 동시에 두 가지를 다 가질 수 없다.

• **All work and no play makes Jack a dull boy.**
놀지 않고 일만 하면 따분한 사람이 된다.

DIALOGUE 4

I'LL KEEP MY FINGERS CROSSED
행운을 빌겠습니다

Andy Please have a seat.

Kelly Thank you.

Andy I'm Andy Turner, the personnel manager. **What can I do for you**[1]?

Kelly I'm looking for a position as a teacher.

Andy We may have an **opening**[2] next week. Please leave your resume. I'll **get in touch with**[3] you.

Kelly Thanks. I'll **keep my fingers crossed**[4].

A 앉으시죠.
K 감사합니다.
A 인사과장인 앤디 터너입니다. 뭘 도와 드릴까요?
K 교사직을 구하고 있습니다.
A 내주에 자리가 하나 생길지 모르겠습니다. 이력서를 놓고 가시죠. 연락해 드리겠습니다.
K 감사합니다. 일이 잘 되길 기원하겠습니다.

1 What can I do for you?

가게에 들어가면 점원이 제일 먼저 물어보는 말이다. 무엇을 도와드릴까요?란 뜻으로서 May I help you?, Can I help you?와 마찬가지 표현이다.

2 opening

▸ I heard there's **a job opening** in the Human Resource Department.
인사과에 일자리가 하나 있다고 들었어요.

누군가 회사에서 퇴사를 하게 되면 당연히 한 자리가 비게 된다. 이것을 opening이라고 한다. 본래 opening이란 단어가 바람이 통하고 빛이 새고 사물이 통과할 수 있는 구멍이나 공간을 뜻하므로 일자리, 취직자리라는 뜻을 연상할 수 있다.

3 get in touch with

▸ I'll **be in touch** when I get back from Paris.
파리에서 돌아오면 연락할게. 전화연락

▸ We'll **get in touch** as soon as we know the result of the test.
시험 결과가 나오면 연락드리겠습니다.

get in touch with~ 는 전화 혹은 편지를 통해 어떤 내용을 전달하는 것을 말한다. 이와 비슷하지만 구별해야할 표현으로 be in touch와 keep[stay] in touch가 있다. 전자는 get in touch와 거의 비슷하지만 특히 전화로 연락하는 것을 가리킨다. 후자는 전만큼 자주 만나지 못하니까 서로 연락하자고 할 때 쓰인다.

4 keep one's fingers crossed

▸ We're all **keeping our fingers crossed** that Dan will actually call Megan.
우리 모두 댄이 정말로 메건에게 전화걸기를 기원할게요.

▸ I'm **all thumbs** when it comes to cooking.
요리라면 난 젬병이다.

바라는 바가 이루어지길 기원할 때 하는 표현이다. have one's fingers crossed라고 해도 같은 말이다. body language로는 중지를 검지위로 교차시켜서 나타낸다.

THEY CELEBRATE EVERYTHING!
그분들은 뭐든지 축하하려고 해!

Jesse What are all these decorations for[1]? Is there some special occasion[2]?

Susan We're celebrating my sister's graduation.

Jesse My parents never gave me a party for that.

Susan Oh, you know how my family is : They celebrate everything!

Jesse That cake looks good. Can I[3] stay?

Susan Sure. There's plenty to eat and drink.

J 이 장식들이 왠거니? 특별한 행사라도 있니?
S 내 여동생 졸업을 축하하려는 거야.
J 우리 부모님은 그런 일로 파티를 열어주시지는 않았는데.
S 너도 우리 가족이 어떤지 알잖아. 축하할 일은 뭐든지 축하하고 넘어간다는 것 말이야!
J 저 케이크 맛있어 보인다. 나도 있어도 될까?
S 물론이지. 먹고 마실 게 충분하니까.

1 for

▸ We went to the pub **for a drink**. for + 명사
술 마시러 술집에 갔다.

▸ I went to the pub **to have a drink**. to 부정사
술 마시러 술집에 갔다.

▸ We use that stuff **for cleansing** leather. for + 동명사
저 물건은 가죽을 닦는 데 쓰인다.

▸ The doctor knew that there was nothing he could do **for her**. for + 인칭대명사의 목적격
의사는 그녀를 위해 그가 할 수 있는 일이 없음을 알았다.

전치사 for의 쓰임새는 다양하지만 여기서는 목적 purpose의 의미에 대해 알아보겠다. 어떤 행동을 하는 이유나 목적을 나타낼 때는 for 다음에 명사가 온다. 하지만 동사 앞에는 to가 붙어서 to부정사의 목적 용법이 된다. 사물의 기능이나 그것을 사용하는 이유를 말할 때는 for + v-ing로 표현한다. 해석은 ~때문에라고 한다.

2 some special occasion

▸ Could you give me **some** help, please?
저를 좀 도와 주시겠어요?

▸ I'm not sure if I've got **any** envelopes that size.
그 정도 크기의 봉투를 갖고 있는지 확실치 않네요.

명절holiday, 기념일anniversary, 생일birthday 등이 모두 special occasion 특별한 행사이다. 축하와 파티가 열리는 특별한 날들이다.
기본적으로 some은 긍정문과 평서문에 any는 부정문과 의문문에 쓰인다. 하자만, 제안, 요구, yes의 대답을 기대하는 의문문에서는 예외적으로 some을 쓴다. 그리고 불확실하거나 알려지지 않은 사항에 대하여 언급할 때, 즉 if 가정문의 의미가 있는 경우도 포함 가 있는 긍정문에서는 any를 쓸 수 있다.

3 Can I ~?

Can I ~?는 상대에게 허락을 구하는 표현이다. 더욱 공손한 표현은 Could I ~?이다. May[Might] I ~?로 해도 마찬가지이다. 이에 대한 긍정의 대답으로 Sure, Of course 혹은 You can[may]으로 하면 적당하다.

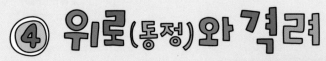

④ 위로(동정)와 격려

Don't worry

I'm sorry to hear that
That's too bad
I feel so sorry for his family
Don't be too discouraged
Look on the bright side

Track-8

WARMING UP

Don't worry

Sandra	Don't worry, George. Things will be better.
George	I hope so.
Sandra	Sure. Don't let it discourage you.
George	Thank you.

WORD

worry 걱정하다   things 상황   better 더 나은
discourage 낙담하게 하다

S 조지, 걱정하지 마. 다 잘 될 거야.
G 그랬으면 좋겠다.
S 그래. 끙끙 앓지 마.
G 고마워.

98

A −∘ I've lost my job.

B −∘ I'm sorry to hear that, but don't worry.

실직했어요.
안됐군요. 하지만 걱정 마세요.

A −∘ Bob, I need a shoulder to cry on.

B −∘ Mine's always available.

밥, 내게는 기댈 사람이 필요해.
내가 있잖아.

A −∘ I'm afraid that I'm struggling with my schoolwork.

B −∘ Don't worry. It will all work out.

학교 공부를 따라가지 못하겠어요.
걱정 마. 잘 될 거야.

A −∘ Nothing's gone right for me lately.

B −∘ Cheer up! I just heard we're getting a raise.

요즘에는 만사 되는 일이 없다니까요.
기운 내요! 월급이 오를 거래요.

Q "짚신도 짝이 있다"고 합니다. 이걸 영어로 뭐라 하나요?

A 누구에게나 자신과 어울리는 짝은 있게 마련이다를 영어로는 Every Jack has his Jill이라고 합니다. Jack과 Jill은 각각 보통의 남녀를 대표하는 이름입니다. 한 가지 더 Beauty is in the eye of beholder 사람에 따라 아름다움의 의미가 다르다 가 있습니다. 우리말로는 제 눈에 안경이라고 할 수 있습니다.

DIALOGUE 1

I'M SORRY TO HEAR THAT
그것 참 안됐군요

George   Hello, Sandra. How are you?

Sandra   Well, I **had the flu**[1] for a couple of weeks but I'm fine now.

George   You're looking well. **By the way**[2], did you hear about Andy?

Sandra   No. What about him?

George   He had a car accident and broke his arm.

Sandra   **I'm sorry to hear that**[3].

G   안녕, 산드라. 잘 지내요?
S   네, 2주 동안 독감을 앓았는데 지금은 괜찮아요.
G   안색이 좋아 보여요. 그런데 앤디 소식 들었어요?
S   아니오. 무슨 일인데요?
G   자동차 사고가 나서 팔이 부러졌어요.
S   그것 참 안됐군요.

1 have the flu

> ‣ Keep your feet dry so you don't **catch a cold**.
> 감기 걸리지 않게 발이 젖지 않도록 해.

> ‣ They are both off work with **flu**.
> 그들은 둘 다 감기가 들어서 출근하지 않았다.

감기에 걸렸다고 할 때 have the flu, have a cold, catch a cold, get a cold라고 한다. flu 앞에는 the를 붙여도 되고 안 붙여도 된다. 감기 기운이 들다고 할 때는 I'm coming down with a cold라고 한다.

2 by the way

> ‣ **By the way**, have you seen my umbrella anywhere?
> 그런데, 어디서 내 우산 본 적 있어요?

by the way(incidentally)는 화제를 전환하고자 할 때 쓰이며 그런데란 뜻이다.
in the way는 내 앞을 막고 있는 사물이나 사람에 대해 쓸 수 있다. 이때 the는 one's로 바꿔 쓸 수 있다.
on the way to + 장소는 ~로 가는 도중에란 뜻이다. 집으로 가는 도중이라고 하면 on the way home이라고 한다. home을 쓸 때는 전치사 to를 붙이지 않는다. 왜냐하면 home 자체가 부사이기 때문이다.

3 I'm sorry to hear that

상대방이 시험에 떨어졌다고 낙담해 있는데 That's good 그것 참 고소하다이라고 한다면 불난 집에 부채질하는 격이다. 이럴 때는 That's too bad 혹은 I'm sorry to hear that이라고 동정의 표현을 한다. sorry는 미안하다는 뜻 말고 유감이다, 안 됐다는 뜻으로도 쓰인다.

THAT'S TOO BAD
참 안됐구나

Andy What's the matter?

Kelly Oh, I broke up with[1] my boyfriend.

Andy That's too bad. I could tell[2] you were in some kind of[3] pain.

Kelly Yep[4]. It hurts a lot.

A 무슨 일이야?
K 아, 남자 친구와 헤어졌어.
A 참 안됐구나. 마음이 아픈 것 같아.
K 그래. 속상해 죽겠어.

1 break up with

> ‣ That's it! Simon and I **are through**.
> 이제 끝이야! 사이먼과 난 이혼할 거야.
>
> ‣ Three policeman were needed to **break up** the fight.
> 그 싸움을 말리는 데 경찰관 3명이 필요했다.
>
> ‣ If a parent dies, the family may **break up**.
> 부모 중 한명이 사망하면 가정은 무너질 수 있다.

이성 간에 교제가 끝났다고 할 때 break up with, 혹은 be through with라는 표현을 쓴다. break up은 산산이 부서지다, 분할하다, 싸움을 말리다, 가정이 깨지다와 같이 많은 뜻이 있다.

2 tell

> ‣ Amateurs may be unable to **tell the fake from the original painting**.
> 아마추어는 가짜와 진짜 그림을 구별할 수 없을 것이다.

여기서 tell은 말하다가 아니라 알다(know), 이해하다의 뜻으로 쓰였다. 어떤 때에는 tell이 구별하다라는 뜻으로 쓰이기도 한다.
사실 know란 동사도 tell과 마찬가지로 구별하다라는 뜻으로 쓰이기도 한다. know A from B와 tell A from B 모두가 A와 B를 구별하다의 뜻이다.

3 kind of

> ‣ I enjoy **all kinds of sport**.
> 나는 모든 종류의 스포츠를 즐긴다.
>
> ‣ **These kinds of fruit** do not grow in cold climates.
> 이런 종류의 과일은 한대기후에서 자라지 않는다.

kind는 종류란 뜻이다. kind/sort/type of 다음에는 단수 형태의 명사를 쓰고, kinds/sorts/types of 다음에는 단수든 복수든 가능하다. 하지만 복수로 쓰면 다소 부자연스럽다.

4 yep

yep은 yes의 미국 속어이다. 영국 사전에는 나오지도 않은 단어이다. yep에 대응되는 것은 nope 아니오이다. 물론 nope은 no의 미국 속어이다.
yep과 nope 둘다 입을 다문 채로 발음이 끝나는 게 특징이다. yes를 대신할 수 있는 단어로는 yeah, aye, yea가 있다. no를 대신하는 말로는 nay가 있다.

I FEEL SO SORRY FOR HIS FAMILY

그의 가족이 정말 안됐어

George Did you hear about Andy Turner's dad getting killed in a car wreck?

Sandra Oh, **how terrible**[1]!

Goerge I feel so sorry for his family.

Sandra My heart just **bleeds**[2] for Andy. He was really **close**[3] to his dad.

Goerge I need to visit them to express my sympathy.

Sandra I'll go with you. How about tomorrow?

G   앤디 터너의 아버지가 자동차 사고로 돌아가셨다는 소식 들었어?
S   세상에, 정말 끔찍한 일이구나!
G   그의 가족이 정말 안됐어.
S   난 앤디 때문에 너무 마음이 아파. 그 앤 아빠와 정말 가까웠는데.
G   찾아뵈서 조의를 표해야할까봐.
S   나도 함께 갈게. 내일 어때?

우와!! 하필 고나가...

아·프·다·구?

1 how terrible

> ‣ The poor guy took a **terrible** beating.
> 불쌍한 사내가 심하게 구타를 당했다.

> ‣ I'm **terribly** sorry to have kept you waiting.
> 당신을 기다리게 해서 너무 죄송해요.

> ‣ The little boy missed his mother **terribly**.
> 그 작은 소년은 엄마를 너무도 그리워했다.

terrible로 감탄문을 만든다면 Terrible!, How terrible!, How terrible it is! 모두 가능하다. 비참한 참사나 재난에 대해 듣고 나서 이런 반응을 할 수 있겠다. terribly는 terrible의 부사로서 매우, 지독히도란 뜻이다.

2 bleed

> ‣ My heart **bleeds** for those poor children.
> 저 가난한 아이들을 보면 마음이 아프다.

bleed는 상처로 인해 피를 흘리다라는 뜻을 갖는다. 하지만 구어체에서 My heart bleeds라고 하면 어떤 사람에 대해 동정심이 일었을 때 하는 표현이다.

3 close

> ‣ The post office is **closed/shut** on Saturday afternoon.
> 우체국은 토요일 오후에는 문을 닫는다.

> ‣ Open your mouth and **close** your eyes.
> 입을 벌리고 눈을 감으세요.

> ‣ As we watched, he **closed** his eyes for the last time.
> 우리가 지켜보는 가운데 그는 눈을 감았다.

> ‣ **Shut** your mouth!
> 입 다물어!

close는 가까운, 옆에란 뜻의 형용사이다. 여기서는 동사 close에 대해 알아보자. 동사로서 close는 닫다란 뜻으로 open의 반대말이다. 보통 close와 shut은 똑같은 의미로 쓰인다. 하지만 꽃이 밤에 지는 것과 같이 서서히 일어나는 움직임을 표현할 때에는 close가 주로 쓰인다. 그리고 회화에서는 shut이 더 많이 쓰인다. 은행 계좌를 해지하거나 회의를 끝내거나 교통이 두절되는 경우에는 close가 쓰인다.

DON'T BE TOO DISCOURAGED

너무 실망하지 마

Andy   I can't believe[1] I failed my driver's test!
       I thought I'd done it so well.

Kelly Don't be too discouraged. Lots of people fail
       the test on their first try.

Andy   Aw, who needs a driver's license anyhow?

Kelly Come on[2]. I know you can do it, and so do
       you[3]. Hang in there[4].

A 내가 운전면허에 떨어지다니 믿을 수 없어! 잘했다고 생각했는데.

K 너무 실망하지 마. 처음에는 많은 사람들이 실패한다구.

A 아, 도대체 면허가 무슨 소용이지?

K 기운 내. 네가 할 수 있다는 걸 나도 알고 너도 알잖아. 다시 한 번 해보라
   구.

1 I can't believe

▸ My mom **couldn't believe** it when I dyed my hair green.
내가 머리를 녹색으로 염색하자 엄마는 믿을 수 없다는 표정을 지었다.

너무나도 놀라운 일이라서 믿을 수 없을 정도일 때 I can't believe 나 Impossible, No kidding이라고 한다. 말도 안 돼, 놀리지 마라는 뜻이다.

2 come on

▸ **Come on**, guys, you can do it.
기운내, 너희들은 할 수 있어.

▸ **Come on**, we'll be late.
서둘러, 이러다가 늦겠어.

come on은 이리와 come here, 힘내 cheer up, 서둘러 hurry up의 다양한 뜻이 내포된 단어이다.

3 so do you

▸ Louise can dance beautifully, and **so can her sister**.
루이스는 춤을 아름답게 출줄 안다. 그리고 그녀의 언니도 마찬가지다.

so do you를 제대로 된 한 문장으로 쓴다면 You know you can do it, too이다. 이 문장에서 too가 so가 되어 앞으로 나갔고 앞 문장과 반복되는 know와 can do it은 생략되면서 대동사 do가 도치되어 나갔다. 만약 You know you cannot do it, either란 문장을 줄인다면 Neither do you라고 말할 수 있다.

4 hang in there

▸ You're innocent and you'll win, so **hang in there**.
넌 결백해. 그러니까 넌 승소할 거야. 힘 내라구.

상대가 어려운 상황에 처했을 때, 용기를 내고 분발하라며 격려할 때 Hang in there, Keep in there, Stay in there이라고 한다. 물론 Cheer up이나 Don't give up, Keep going이라고 해도 마찬가지다.

DIALOGUE 5

LOOK ON THE BRIGHT SIDE
밝은 면을 보라구

Susan   **Why so blue[1]?**

Jesse   **Jane stood me up[2] last night.**

Susan   **That's one of those things[3]. Look on the bright side[4].**

Jesse   **What bright side?**

Susan   **You saved money by not eating out and going to the movies with her.**

Jesse   **Come on, this is no joke.**

S   왜 그렇게 우울한 표정이지?

J   제인한테 바람 맞았어.

S   그런 건 흔히 있는 일이야. 밝은 면을 보라구.

J   밝은 면이라니?

S   그녀하고 외식 안 하고 또 영화 구경 안 갔으니까 돈 안 쓰고 오히려 잘 됐잖아.

J   야, 이건 장난이 아니라구.

나 이제 하늘로...

1 blue

우울함을 뜻하는 단어로는 gloomy, down, melancholy, depressed, sullen 등이 있다. 색깔로 본다면 blue가 우울한 색조이다. 얼굴로 빗댄다면 long face는 우울한 모습이란 뜻이다.

2 stend ~ up

▸ I was supposed to go to a concert with Kyle on Friday, but he stood me up.
금요일에 카일과 음악회에 가려고 했는데, 그가 날 바람맞혔다.

stand ~ up은 사람을 계속 세워두다라고 직역할 수 있는 표현이다. 즉, 만나자고 했는데 약속 장소에 나타나지 않아 바람맞혔다는 뜻이 된다.

3 one of those things

one of those things는 많은 것들 중에서 하나라는 뜻이다. 그래서 That's one of those things는 늘 일어나는 일이니까 별로 고민할 것 없다는 뜻이다.

4 Look on the bright side

상대가 비관에 빠졌을 때 불행한 쪽으로만 생각하지 말고 좋은 쪽으로 생각하라고 격려할 때 쓰인다.
Every cloud has a silver lining이란 말도 미국인이 자주 쓰는 말 가운데 하나 인데 이는 구름의 가장자리가 항상 햇빛을 받아 은색으로 반짝이듯이 아무리 궂은 일 이라도 밝은 면은 있게 마련이다라는 뜻이다.

Idioms

- a lame duck 재선에 실패한 재임 말기의 대통령
- run hot and cold 변덕스럽게 이랬다 저랬다 하다
- Has the cat got your tongue? 꿀 먹은 벙어리니?
- a walking dictionary[encyclopedia]
  걸어 다니는 사전[만물박사]
- butter both sides of one's bread 일석이조

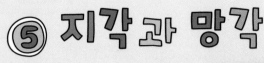 ⑤ 지각과 망각

Beats me = I don't know

This picture reminds me of something
It slipped my mind
I don't have the slightest idea
It's on the tip of my tongue
Your guess is as good as mine

 Track-9

WARMING UP

Beats me = I don't know

George	Excuse me. Would you direct me to the City Hall?
Passerby	Beats me.
George	Pardon me?
Passerby	I said, I don't know.
George	Thank you anyway.

WORD

excuse me 실례합니다   direct 가리키다, 직접적인
beat 때리다, 박자   pardon 용서하다   anyway 어쨌든

G 실례합니다. 시청 가는 길을 가르쳐 주시겠어요?
P 모르겠는데요.
G 뭐라고 말씀하셨나요?
P 모른다고 말했어요.
G 어쨌든 감사합니다.

110

A -∘ Do you understand these directions?

B -∘ No. They're Greek to me.

이 지시문 이해하겠어요?
아뇨. 무슨 뜻인지 모르겠어요.

A -∘ Do you think he'll pass the test this time?

B -∘ God only knows.

이번에 그가 시험에 붙을 것 같아?
아무도 모르지.(←신만이 아시겠지)

A -∘ Do you know who's getting the Oscar this year?

B -∘ Beats me.

올해 오스카는 누가 탈까?
모르지 뭐.

A -∘ What was he saying?

B -∘ I don't know. I couldn't understand what he was talking about.

그가 뭐라고 했나요?
몰라요. 뭐에 관해 얘기하는지 이해를 못하겠어요.

영어 공부를 하다가 **"keep up with"**란
숙어를 봤습니다. 자세히 알고 싶습니다.

keep up with는 ~에 대한 최근의 정보를 파악하고 있다 **또는** ~을 항상 지켜보다는 뜻입니다. 그리고 keep up with someone은 ~을 따라가다는 뜻입니다. 관용표현으로 쓰일 때는 남이 무엇을 하니까 덩달아 하다라는 뜻도 있답니다.

THIS PICTURE REMINDS ME OF SOMETHING

이 그림을 보니 뭐가 생각나

Sandra **This picture reminds me of something**[1].

George **Me too, but I'm not so sure.**

Sandra **Something to do with**[2] **the colors.**

George **Let me think. Maybe it'll come to me**[3].

Sandra **Oh, I know**[4]**! Our trip to Mexico!**

George **Right! All those bright colors at the fiesta.**

S 이 그림을 보니 뭔가 생각이 떠올라.
G 나도 그래. 그런데 뭔지 잘 모르겠어요.
S 색깔과 상관이 있어.
G 어디 보자. 생각날 것 같아.
S 아, 알겠어! 멕시코에 여행갔을 때!
G 맞아! 축제에서 보았던 밝은 색깔들 말야.

1 A remind B(사람) of C

> Hearing that song **reminds me of a certain night** in Las Vegas.
> 그 노래를 들으니 라스베가스에서 보낸 밤이 떠오른다.

A remind B(사람) of C는 A는 B에게 C를 상기시키다, 즉 다시 말하면 B는 A를 보니 C가 생각난다고 해석할 수 있다. 어떤 사물이나 사람을 보고 과거의 일이나 또 다른 사람이 떠오를 때 이런 표현을 쓴다.

2 have[be] something to do with A

> I don't know about his work, but I know it's **something to do with** animals.
> 난 그가 하는 일을 모르지만 동물과 관련 있다고 알고 있어.

have[be] ~ to do with A라고 하면 A와 관계[관련]가 있다라는 뜻이다. 밀접한 관계가 있으면 have everything to do with A라고 하며, 아무 상관이 없으면 have nothing to do with A라고 한다.

3 come to

> I've forgotten her name, but maybe it'll **come to** me later.
> 그녀의 이름이 떠오르지는 않지만 나중에 생각나겠지.

뭔가가 갑자기 떠오르거나 깨닫게 되었을 때 come to라는 표현을 쓴다.

4 I know

> **I know, I know**, I should have had the car checked out before.
> 알아, 안다구. 미리 차를 점검했어야 한다는 거.
> **You know what?** I passed the exam!
> 너도 놀랄 걸. 나 시험에 합격했어!

갑자기 어떤 문제에 대한 해결 방안이 생각났을 때 I know란 표현을 한다. 구어체에서 쓰이며 생각났어, 알겠어라는 뜻이다. 혹은 상대의 말에 동감을 표현할 때 쓰인다. 그리고 상대의 말에 반대하기에 앞서 알아, 안다구라고 하며 상대의 반격을 제지할 때 쓰인다.

You know what?은 놀랄 만한 뉴스가 있어(Guess what!, Surprise!)라는 뜻이다.

Track 9

IT SLIPPED MY MIND
깜빡 잊었어요

Andy   We had a **meeting**[1] at 10 o'clock. **Where were you**[2]?

Kelly I'm sorry. **It slipped my mind**[3].

Andy   Forgot? How could you forget?

Kelly I don't know. **I'm not myself today**[4].

Andy   What's wrong?

Kelly Maybe I'm just tired. I haven't been getting much sleep.

A 우리 10시에 회의 있었잖아요. 어디 있었어요?
K 미안해요. 깜빡 잊었어요.
A 잊었다구요? 어떻게 그걸 잊을 수 있어요?
K 오늘은 제정신이 아니에요.
A 무슨 일이에요?
K 그냥 피곤해서 그런가 봐요. 잠을 충분히 못 잤거든요.

1 meeting

▸ Ms.Lavelle is in **a meeting** at the moment.
라벨 양은 지금 회의 중입니다.

우리말의 미팅은 사실 영어로 blind date이다. 서로를 모른 채 만나는 걸 말한다. 서로 알고 만나는 것은 date 데이트라고 한다. 하지만 영어로 meeting은 대개가 회사에서 열리는 회의를 뜻한다.

2 Where were you?

▸ **Now where was I**? Oh yes, I was telling you about taking mother to the airport.
자, 내가 어디까지 얘기했지? 아, 그래. 엄마를 공항까지 모셔 가는 것에 대해 얘기하고 있었어.

낯선 곳에 있게 되었을 때 지나가는 사람에게 Where am I? 여기가 어디인가요?라고 물어본다. 말을 하다가 다른 일이 생겨서 대화가 끊겼다가 다시 시작할 때 어디까지 얘기했지?라는 표현이 Where were we?이다. 물론 이 대화문에서 Where were you?는 직역 그대로 너 어디 있었니?라는 뜻이다.

3 slip my mind

▸ I'm sorry I missed your birthday; it completely **slipped my mind**.
당신 생일에 참석하지 못해서 미안해요. 까맣게 잊어버렸어요.

무엇을 잘 잊어버리는 것을 forgetful 또는 absent-minded라는 형용사로 표현하고, 건망증은 absent-mindedness라고 한다. 또한 완전히 과거를 기억 못하는 기억상실증은 amnesia라고 한다.
깜빡 잊어버렸다고 할 때는 I forgot it이라고 한다. 하지만 slip이 슬며시 빠져나가다 혹은 미끄러지다임을 안다면 It slipped my mind도 쉽게 익힐 수 있겠다. 내 마음을 빠져나갔다가 되니까 결국 잊어버렸다는 얘기가 된다.

4 I'm not myself today

▸ I do apologize-I haven't **been feeling myself** lately.
사과드릴게요. 요즘 제정신이 아니에요.

초조해하거나 화가 나 있는 등 컨디션이 좋지 않아서 평소와는 다르게 행동할 때 I'm not myself today 혹은 I'm not feeling myself today라고 한다.

Track
9

I DON'T HAVE THE SLIGHTEST IDEA
전혀 모르겠는데요

Sandra   Did you see Kelly today?

George   Yes, why does she have such a **long face**[1]?

Sandra   **I don't have the slightest idea**[2].

George   I thought she'd be happy.

Sandra   Especially **since**[3] she got her promotion.

George   Maybe it's some personal problem.

S   오늘 켈리 봤어?
G   응. 그런데 왜 켈리는 그렇게 우울한 얼굴이지?
S   전혀 모르겠는데.
G   켈리가 행복해 할 거라고 생각했는데.
S   더군다나 승진도 했으니까 말야.
G   아마 개인적인 사정일거야.

너 이거 먹을래?
떡볶이 친구... 어묵인데!

1 long face

왜 그렇게 우울해?에 해당하는 표현으로는 Why the long face?, Why so blue?, Why so down?이 있다. 우울해 보인다고 할 때는 You look down이라고 한다. 우울한 모습을 long face라고 하는 이유는 기분이 안 좋으면 대개 입이 밑으로 처지니까 얼굴이 길어 보이기 때문이다.

2 I don't have the slightest idea

모르겠다는 말은 I don't know 이외에 Beats me가 있다. 퀴즈쇼에서 도무지 답이 생각 안날 때 Beats me라고 한 데서 유래했다. 말의 강도로 본다면 I don't know 보다 강하며 서로 허물없는 사이에서 쓰이는 표현이므로 손윗사람에게는 금물이다. Beats me와 같은 슬랭 표현으로 Search me 와 You've got me가 있다. You've got me는 나는 너에게 두 손 두 발 다 들었다[졌다]는 뜻으로 결국은 모르겠다는 표현이다. 하지만 위 사람에게 공손하면서도 강한 느낌으로 말하려면 I'm sorry, I don't have any idea 죄송하지만 전혀 모르겠는데요라고 한다.

대화문의 I don't have the slightest idea는 전혀 모르겠다는 뜻으로 slightest 대신에 vaguest, faintest, foggiest를 집어넣을 수 있다. slight는 약간, 조금이란 뜻이고 vague, faint, foggy는 모두 희미한, 흐릿한이란 뜻이다. 간단하게는 Not the slightest / vaguest / faintest idea라고 한다.

3 since

> I've known her since we were at school together.
> 학창 시절부터 그녀를 알고 지냈다.

> I've known her since I've lived in this street.
> 이 거리에 살기 시작하면서 그녀를 알게 되었다.

> I've known her for a month.
> 그녀를 안 지 한 달 되었다.

대화문의 since는 ~이니까라는 이유 접속사로 쓰였지만 대개 since는 시간을 나타내는 접속사로 쓰인다. since 절의 시제는 의미에 따라 현재완료이거나 과거 시제가 된다. from과 since는 행동이나 상태의 시작점을 목적어로 취하지만 for는 행동이나 상태가 지속되는 기간을 표시한다.

IT'S ON THE TIP OF MY TONGUE
혀끝에서 뱅뱅 돌 뿐 기억이 안 나요

George   Do you remember the name of the restaurant we went to on Friday?

Sandra   Sure I do. It was the Flame.

George   No, we've never been to[1] the Flame.

Sandra   Maybe it was the Gold Coin.

George   No. Gee, it's on the tip of my tongue[2].

Sandra   Never mind[3], the food was terrible.

G   우리가 금요일에 갔던 레스토랑 이름 기억나?
S   물론 기억나지. 플레임이었어.
G   아냐. 우린 플레임에 간 적 없어.
S   아마 골드 코인일거야.
G   아냐. 이런, 혀끝에서 뱅뱅 도는데 기억이 안 나네.
S   신경 쓸 것 없어. 음식도 형편없었는데 뭘.

우왓!!! 먹을게~

1 have[had] + 과거 분사

- I **have never been** to Paris. 경험
  난 파리에 가본 적이 없다.
- I **have booked** the tickets **already**. 완료
  난 이미 티켓을 예약했다.
- They **had been walking for a good half hour**. 계속
  그들은 족히 반시간을 걸었다.
- I **have lost** my purse. 결과
  나는 지갑을 잃어버렸다. → 결과적으로 내겐 지금 지갑이 없다

완료 시제 have[had] + 과거 분사에 ever나 never가 있으면 경험의 용법에 해당한다. just나 already가 있으면 완료 용법이다. 진행형이고 for + 시간이 언급되면 대개 계속 용법이다. 나머지는 결과 용법이다.

2 it's on the tip of my tongue

- Uh...Uh... Her name is **on the tip of my tongue**, but I can't think of it.
  음… 그건…. 그녀 이름이 혀끝에서 뱅뱅 도는데 생각이 안 나네.
- **That** name **rings a bell**, but I've never seen the place.
  이름은 생각나는데, 그 곳을 본 적은 없어요.

It's on the tip of my tongue은 알긴 아는데 단어나 이름이 순간 기억이 안날 때 아주 적절하게 쓸 수 있는 표현이다. 생각이 난다고 할 때는 That rings a bell이라고 한다.

3 Never mind

A : I'm afraid I've broken the chair.
내가 의자를 망가뜨렸어요.
B : **Never mind**, I can easily get it fixed.
걱정마, 내가 쉽게 고칠 수 있어.

어떤 사람이 걱정스런 표정을 짓고 있다든가 미안해하면서 사과를 했을 때 괜찮아, 걱정 마, 신경 쓸 것 없어와 같은 대답에 해당한다. 구어체에서만 쓰인다.

YOUR GUESS IS AS GOOD AS MINE
저도 모르기는 마찬가지입니다

Jesse Which college do you think is better − Harvard or Yale[1]?

Susan I don't know. I've never given it much thought[2].

Jesse I'd like to go to university but I'm not sure which one is better. Do you know?

Susan Not really. When it comes to[3] something like this, **your guess is as good as mine[4]**.

J 하버드와 예일 중에 어느 대학이 더 낫다고 생각해?
S 모르겠어요. 별로 생각해보지 않았어요.
J 대학을 가고 싶은데 어느 게 더 좋은지 모르겠어요. 당신은 알아요?
S 잘 몰라요. 이런 문제에서라면 저도 모르기는 마찬가지에요.

¹ Which ~ better, A or B?

> **Which** team do you like **better**, Manchester Utd **or** Chelsea?
> 맨유와 첼시 중 어느 팀을 좋아하나요?

A와 B중에 무엇이 더 나은가요[좋은가요]?라고 물을 때 Which ~ better, A or B? 라고 한다.

² give it much thought

> The teacher's advice certainly gave me **some food for thought**.
> 선생님이 해주신 충고는 나로 하여금 신중하게 생각하게 만들었다.

I've never given it much thought는 I've never thought about it a lot과 같은 표현이다. 하지만 단순히 ~에 관해 생각하다라는 뜻의 think about과는 달리 give + ~ + thought는 신중하게 생각하다란 뜻이 된다.

³ when it comes to

> I can use a computer, but **when it comes to** repairing it, I know nothing.
> 컴퓨터는 다룰 줄 알지만 수리에 관해서는 전혀 모른다.

구어체에서 쓰이는 표현이다. 얘기하는 주제를 언급할 때 쓰인다.

⁴ your guess is as good as mine

> What she's going to do with her life now is **anybody's guess**.
> 그녀가 이제 자신의 인생을 어떻게 꾸려나갈지는 아무도 모른다.

직역하면 당신 추측이나 내 추측이나 마찬가지이다이고, 완역하면 나도 역시 모르겠다 이다. 이와 비슷한 표현으로는 Who knows? 아무도 모른다, God only knows 신만이 안다가 있다. as good as 자체가 거의 ~와 같은[매한가지인]이란 뜻으로 I'm as good as a beggar는 나는 거의 거지나 다름없다라는 뜻이다. 아무도 모르는 것이란 표현은 anybody's guess라고 한다.

PART 3

감정표현편

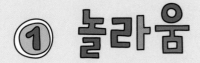 ① 놀라움　SURPRISE

I can't believe it

I can't believe he did that to me
I'd be very surprised
Oh, really?
You really look shaken up!
What a surprise!

 Track-10

WARMING UP

I can't believe it

George   I can't believe it.

Sandra   What are you talking about?

George   I won the lottery.

Sandra   That's wonderful!

WORD

believe 믿다　talk about ~에 관해 얘기하다
lottery 복권, 추첨　wonderful 굉장한, 멋진

G   믿을 수가 없어.
S   무슨 소리야?
G   복권에 당첨됐단 말야.
S   잘 됐구나!

A -◦ I heard the party was called off.
B -◦ That can't be true.

그 파티는 취소되었다고 들었어요.
그럴리가요.

A -◦ Bob was transferred to another department.
B -◦ I can't believe it.

밥이 다른 부서로 옮겨졌어요.
믿을 수 없군요.

A -◦ I still can't believe Mark stole the money.
B -◦ It's really shocking, isn't it?

마크가 돈을 훔쳤다니 아직도 난 믿을 수가 없어요.
정말 충격적이군요.

A -◦ Guess who just got married? Old Johnson.
B -◦ No! I don't believe it.

이제 막 결혼한 사람이 누구게? 바로 그 존슨이야.
세상에! 믿을 수 없어.

"설마"라는 말을 영어로 할 때,
뭐라고 하나요?

A 우선 perhaps는 설마라는 뜻이 아니라 아마 ~일 것이다라는 뜻입니다. 설마라고 할 때는 Impossible, Unbelievable, You don't say, You're kidding라고 합니다. 그리고 상대방이 한 일을 나무라거나 놀라움이나 반가움의 뜻으로 Don't tell me~를 씁니다.

I CAN'T BELIEVE HE DID THAT TO ME

그가 나한테 한 짓이 믿어지지가 않아

George What's the matter?

Sandra I just got back from my date with Chris. I can't believe he did that to me.

George What **on earth**[1] did he do?

Sandra He ignored me **all**[2] night. He just talked to his friends and **pretended**[3] like I wasn't there.

G 왜 그래?

S 방금 크리스와 만나고 돌아오는 길인데 그가 나한테 그렇게 했다는 것이 믿어지지가 않아.

G 도대체 그가 어떻게 했는데?

S 저녁 내내 나를 무시했어. 친구들하고만 얘기하고 마치 내가 없는 것처럼 행동하더라니까.

1 on earth

▸ Why **on earth** did you do that?
도대체 뭐 때문에 그런 걸 한거야?

on earth는 특정 의미가 있는 게 아니라 강조의 어구로 쓰였다. 화가 나거나 놀랐을 때 쓰이므로 해석은 도대체, 세상에라고 하면 무난하다.
이와 비슷한 강조 어구로는 in the world, at all, under heaven, in the name of goodness[fortune]이 있다.

2 all

▸ It rained **the whole/all the** afternoon.
오후 내내 비가 내렸다.

▸ I read **the whole** book in just two evenings.
이틀 밤 만에 책을 전부 읽었다.

▸ She's drunk **all the milk**.
그녀는 우유를 몽땅 마셨다.

all과 whole, entire는 서로 바꿔 쓰기가 가능하다. 하지만 셀 수 있는 명사의 단수 형태 앞에서, 강조를 하고 싶을 때, 놀라움, 실망감, 만족감과 같은 감정을 표현할 때는 whole이나 entire가 쓰인다.
셀 수 없는 명사일 때에는 all이 쓰인다. all은 all + 관사 + 명사, whole은 관사 + whole + 명사의 형태임을 주의한다.

3 pretend

▸ He **pretended** (that) he was ill.
그는 병이 난 체했다.

▸ Sarah **pretended to** be cheerful and said nothing about the argument.
사라는 유쾌한 체하며 논쟁에 대해선 한마디도 하지 않았다.

대체로 pretend ~인 체하다는 that절을 수반한다. 하지만 구어체에서 pretend like + 절로 쓰이기도 한다. 때로는 to부정사를 취하기도 한다.

127

Track
10

I'D BE VERY SURPRISED

정말 놀랄 거예요

Kelly   **What do you think the chances are of[1] my having twins?**

Dr.Turner **Probably not very good[2]. There's not much chance of that happening.**

Kelly   **Are you absolutely sure about that?**

Dr.Turner **Yes, I'm pretty certain. In fact, if you had twins[3], I'd be very surprised.**

K   제가 쌍둥이를 낳을 가능성이 있다고 생각하세요?

D.T   그다지 많지는 않아요. 그런 일이 일어날 가능성은 적지요.

K   절대적으로 그걸 확신하나요?

D.T   그래요, 정말 확신해요.
      사실, 당신이 쌍둥이를 출산한다면 내가 정말 놀랄 거예요.

1 What do you think the chances are of는

> ‣ What are **her chances** of survival?
> 그녀가 생존할 가능성이 있을까?

> ‣ Denise never misses **the chance** of a free meal.
> 데니스는 공짜 식사의 기회를 절대 놓치지 않는다.

What do you think the chances are of는 본래 What do you think the chances of my having twins are?이다. 하지만 영어는 짧은 주어를 선호한다. 그리고 군더더기는 뒤로 빼는 것을 좋아한다. 그래서 the chances를 설명해주는 of이하는 are뒤로 가게 되었다. 바꿔 쓸 수 있는 구문으로는 what's the likelihood of, what's the possibility of가 있다.

2 probably not very good

> ‣ A victory doesn't seem very **probable** at this stage.
> 지금 단계에서는 승리가 그리 확실한 것 같지 않다.

> ‣ Accidents are always **possible** in this kind of situation.
> 이런 상황에서 사고란 항상 일어날 수 있다.

아마도 그럴 것 같지 않다는 추측의 표현이다. good 충분한 다음에는 chances나 possibility가 생략되었다고 생각하면 된다.

probable과 더불어 가능성을 나타내는 possible과 likely의 강도를 비교하면 probable 〉 likely 〉 possible 순이다. Probably not very good과 바꿔 쓸 수 있는 구문으로는 That isn't very likely, It isn't very likely, Pretty slim이 있다.

3 twins

> ‣ My brother and I look so alike that people often think **we are twins**.
> 오빠와 나는 너무 닮아서 사람들이 쌍둥이라고 생각하는 경우가 많다.

> ‣ Meet my **twin sister**.
> 내 쌍둥이 여동생이야.

쌍둥이 둘 모두를 가리킬 때에는 twin이 아니라 twins라고 해야 옳다. 부모를 말할 때에도 parent가 아니라 parents라고 해야 옳다. 하지만 어느 한쪽만을 가리킬 때에는 twin, parent라고 할 수 있다.

항상 복수로 쓰이는 명사들이 있다. trousers 바지, scissors 가위등이다.

Track
10

OH, REALLY?

오, 정말이에요?

Sandra   What a day!

George   Why? What happened?

Sandra   Mike and I were talking **at work**[1]. All of a **sudden**[2], Mike **fell**[3] over.

George   Oh, really?

Sandra   Yep. So I called the ambulance.

George   I hope it's nothing serious.

S   굉장한 날이었어!
G   왜? 무슨 일 있었어?
S   마이크와 내가 직장에서 얘기를 나누고 있었는데 갑자기 마이크가 쓰러졌어.
G   오, 정말?
S   그래. 그래서 내가 앰뷸런스를 불렀지.
G   큰 일이 아니길 바래.

1 at work

> He went to sea.
> 그는 선원이 되었다.

go to sea	바다에 가다 → 선원이 되다
go to school	학교에 가다 → 학생이다
go to prison	감옥에 가다 → 수감되다

at work은 일하고 있는, 작업 중인이란 뜻이며, 여기에서 더 발전해 직장에서란 뜻도 지닌다. at sea는 바다에서라는 뜻에서 더 발전해서 항해중이란 뜻이며, at school 은 학교에서란 뜻에서 더 나아가 수업 중인이란 의미가 된다. 즉 관사가 없을 경우 그 명사가 지니고 있는 고유한 의미로 해석할 수 있다.

2 all of a sudden

> We were driving along, when **all of a sudden** a child came running in front of us.
> 차를 운전하고 있었는데 갑자기 한 아이가 우리 앞으로 뛰어들었다.

all of a sudden은 돌연, 갑자기, 느닷없이란 뜻이다. of a sudden, on a sudden, suddenly, abruptly, unexpectedly, all at once와 바꿔 쓸 수 있다. 갑자기 나타나다라고 할 때는 burst on the scene이라고 하며 돌연사하다는 drop dead라고 한다. 갑작스런 방문은 surprise visit이라고 한다.

3 fall

> I **fell** to the ground, hoping that nobody had seen me.
> 나는 쓰러지면서 본 사람이 아무도 없기를 바랐다.

> The rain began to **fall** more heavily.
> 비가 더욱 세차게 내리기 시작했다.

fall은 쓰러지다, 떨어지다라는 뜻의 동사로서 fall-fell-fallen의 시제 변화를 한다. fall은 비, 눈, 눈물, 나뭇잎 등이 자연적으로 아래로 떨어지는 것을 가리킬 때 쓰인 다. fall이 명사로 쓰일 때는 양, 비용, 수준, 기준이 하락하는 것을 가리킨다.

DIALOGUE 4

YOU REALLY LOOK SHAKEN UP!
너 정말 충격받았구나!

Andy Aaaaaahhhhh! God, don't startle me like that, Kelly!

Kelly I thought you knew I was behind you!

Andy I practically **jumped out of my skin**[1] when you said my name.

Kelly I'm so sorry! Really! You look really **shaken up**[2]!

Andy I'm starting to **calm down**[3] now.

Kelly You really **flipped out**[4] there for a second.

A 아~! 이런, 켈리, 그렇게 놀래키지 마!

K 내가 뒤에 있는 거 아는 줄 알았는데.

A 내 이름을 불렀을 때 너무 놀라 혼이 빠지는 줄 알았어.

K 정말 미안해! 진짜로! 너 정말 충격 받았구나!

A 이제야 진정되기 시작하고 있어.

K 너 정말 잠깐이지만 얼이 빠져 보이더라.

1 jump

‣ I didn't mean to make you **jump**.
당신을 놀라게 할 생각은 아니었습니다.

‣ The price of vegetables **jumped** overnight.
야채 가격이 밤새 껑충 뛰었다.

여기서 jump는 놀라거나 무서워서 움찔하는 것을 말한다. jump out of skin은 놀라서 **펄쩍 뛰다**라는 뜻이다. 동사 jump는 가격, 물가, 수준이 **갑자기 오르다**는 것을 가리킬 때 쓰인다. 명사 jump도 마찬가지로 **상승, 점프, 도약**이란 뜻이다.

2 shaken up

‣ Seeing that accident really **shook** me **up**.
그 사고를 목격하고 정말 충격 받았다.

불쾌한 충격을 줘서 놀라게 하거나 무서운 느낌이 들게 하는 것을 shake~ up이라고 한다. 그리고 자신이 그렇게 느낄 때는 feel shaken up이라고 한다.

3 calm

‣ I fastened my seat belt and tried to **stay calm**.
나는 안전벨트를 매고 침착해지려고 했다.

‣ For the first two days the sea was perfectly **calm**.
첫 이틀 동안 바다는 정말 고요했다.

‣ He had **calmed down**, but he was still annoyed.
그는 침착해졌지만 여전히 화가 나 있었다.

calm은 **고요한, 조용한**이란 뜻이다. calm은 어려운 상황에서 사람들이 어떻게 행동하는가를 묘사할 때도 쓰인다. 침착한 행동에 대해서는 keep/stay/remain calm으로 표현한다. calm down은 흥분하거나 화가 난 사람을 달랠 때 사용한다.

4 flip out

‣ Francie will **flip out** if you get a scratch on the new car.
프랜시는 네가 새 차를 긁어놓기라도 하면 발끈할 것이다.

ovation은 갑자기 화가 나거나 기분이 안 좋을 때 쓰는 표현으로 **욱하게 하다, 자제를 잃게 하다**란 뜻이다. **뚜껑 열린다**고 해석하면 적당하다. That burns me up도 이와 마찬가지로 **열 받는다**라는 표현이다.

WHAT A SURPRISE!
정말 놀라워!

Susan　Did you see how **close**[1] that finish was? It **took my breath away**[2]!

Jesse　Wait they're announcing the winner now. It's Don Jensen!

Susan　**What a surprise**[3]!

Jesse　I'm just astonished to see how much he's improved. I'm just **floored**[4] that my best friend won such an important race.

S　그 결승전이 얼마나 아슬아슬했는지 아니? 난 숨이 멎는 줄 알았어!

J　기다려봐! 우승자를 발표하고 있어. 단 젠슨이야!

S　정말 놀라워!

J　그가 얼마나 향상되었는지 난 정말 깜짝 놀랐어. 가장 친한 내 친구가 이렇게 중요한 경기에 이기다니 정말 어리둥절할 뿐이야.

1 close

I almost missed my train. **It was a close call**.
거의 기차를 놓칠 뻔했다. 아슬아슬했다.

아슬아슬했어라고 할 때 That was close[That was a close call]라고 한다. That was close는 아슬아슬했다란 뜻 말고도 상당히 비슷했다, 꽤 잘했다는 뜻으로 쓰이기도 한다.

2 take one's breath away

‣ This ancient city has a view that **takes your breath away**.
이 고대 도시의 광경은 숨막힐 정도로 아름답다.
‣ We won't allow a few troublemakers to **take away from** the enjoyment of the occasion.
몇 안 되는 말썽꾼들이 즐거운 행사 기분을 망치게 놔두지 않을 것이다.

흥분해서 숨이 멈출 것 같은 느낌을 받았을 때 이런 표현을 할 수 있다. **숨을 앗아가 버리다**(take away)라는 직역에서 이런 뉘앙스를 얻을 수 있겠다.

3 What a surprise!

‣ I've got **a little surprise** waiting for you at home.
널 위해서 집에서 작은 깜짝 파티를 준비했어.

What a surprise!는 아니 이게 웬일이야, 너무도 놀라워라는 뜻의 감탄문이다. surprise는 이처럼 명사로도 쓰이지만, 대개는 동사로 쓰인다. surprise는 그 자체만으로도 깜짝 파티나 깜짝 선물이란 뜻을 갖는다.

4 floor

‣ Her last question completely **floored** me.
그녀가 던진 마지막 질문에 놀라서 할 말을 잃었다.
‣ The champion **floored** Watson with a single punch.
챔피언이 먹인 단 한방의 펀치에 왓슨은 쓰러졌다.

floor는 대개 마루, 층이란 뜻의 명사로 쓰인다. 하지만 위 대화문처럼 동사로서 졸도 시키다란 뜻으로도 쓰인다. 즉 대화문에서 floor는 너무도 놀라게 하고 충격을 줘서 할 말을 잃게 만든다는 의미로 쓰였다.

② 기쁨과 즐거움 JOY AND PLEASURE

You must be very pleased

I'm happy to be here
Working here is a joy
I had the time of my life
My kids will be jumping up and down
I'm on cloud nine

 Track-11

WARMING UP

You must be very pleased

Sandra I was just promoted, George.

George Really? You must be very pleased.

Sandra Yes, I'm very happy now.

George Congratulations, Sandra.

WORD

promote 승진시키다   must be ~임이 틀림없다
please (남을) 즐겁게 하다   pleased 기쁜

S 조지, 나 방금 승진했어요.
G 정말? 정말 기쁘겠네요.
S 그래요, 지금 너무 행복해요.
G 축하해요, 산드라.

A –◦ You look very content today.

B –◦ Bill, I am happy as a clam.

너 오늘 아주 만족스러워 보이는구나.
빌, 난 너무 행복해.

A –◦ It was a real delight to see you again, Joan.

B –◦ Same here.

조안, 널 다시 만나 정말 기뻐.
나도 그래.

A –◦ Margaret, the company called. You got the job!

B –◦ Oh, I'm so elated!

마가렛, 회사에서 전화가 왔어. 네가 채용되었대!
와, 정말 신난다!

A –◦ Oh, I'm just overjoyed. Somebody's going to publish my book!

B –◦ That's fantastic news!

아, 너무 기뻐요. 내 책을 출판하겠다는 사람이 나타났어요!
정말 멋진 소식이군요!

"넌 봉이야"라는 표현이 영어에도 있나요?

네, 있습니다. 봉은 어수룩하고 속이기 쉽고 뭔가 빼앗아먹기 좋은 사람, 즉 다루기에 만만한 사람을 이르는 말로 영어로는 easy prey[victim]나 sitting duck이라고 합니다.

Elderly and frail, she was easy prey for muggers라고 하면 나이 들고 힘없는 그녀는 노상강도들에게 만만한 대상이었다는 뜻이 됩니다.

I'M HAPPY TO BE HERE

여기 오게 돼서 기뻐요

Sandra **Welcome¹ to Toronto.**

George **Thank you. I'm happy to be here.**

Sandra **Is there anything you need?**

George **We need² directions to the tourism information center. Could you draw us a map?**

Sandra **It would be my pleasure³.**

S 토론토에 오신 걸 환영합니다.

G 감사합니다. 이곳에 오게 되어 기쁩니다.

S 뭐 필요하신 거 없습니까?

G 실은 여행자 안내소가 어디 있는지 알고 싶습니다. 약도를 그려주실 수 있나요?

S 물론이죠.

그 당근 나한테 팔아~

마침 당근이 없어 구하러 가는 길인데 잘됐다.

이거 좀 비싼데..

1 welcome

▸ I had the feeling I wasn't really **welcome**.
내가 그다지 환영받지 못한다는 느낌이 들었다.

Welcome to London 런던에 오신 걸 환영합니다과 같이 welcome이 감탄사로 쓰일 때는 이제 막 도착한 사람이나 손님에 대한 인사 표현이다. ~를 따뜻하게 맞이하다라고 할 때는 give someone a warm welcome이라고 한다. 너무 여러 번 찾아가서 혹은 너무 오래 머물러 있어서 **눈총을 받다**라고 할 때는 wear out one's welcome이라고 한다.
Thank you에 대한 대답으로 Welcome/You're welcome 천만에요이라고 하는데 이 표현은 어서 오십시오라는 뜻도 된다.

2 need

▸ That fence **needs fixing**.
저 울타리를 손봐야겠다.

▸ The carpet **wants cleaning**.
카펫을 세탁할 필요가 있다.

need는 타동사이다. 목적어로는 명사, **to**부정사를 취한다.
그런데 간혹 동명사를 취하는 경우가 있다. 이 때는 수동의 의미를 갖는다. 즉 need cleaning 깨끗해질 필요가 있다 → 깨끗이 해야 한다은 need to be cleaned의 뜻이다. 하지만 need to be cleaned보다는 need cleaning이 주로 쓰인다. want도 이런 면에서 need와 같은 성질의 동사이다.

3 pleasure

▸ It's been **a** great **pleasure** to meet you.
당신을 만나게 되어 무척 기뻤습니다.

It's my pleasure는 구어체에서 쓰이는 표현으로 흔히 내가 도와준 상대로부터 고맙다는 말을 듣고 나서 나도 당신을 돕게 돼서 기뻤다는 응답을 할 때 쓰인다. 하지만 위 대화문에서 It would be my pleasure는 With pleasure나 Sure, of course와 같은 표현으로서 **기꺼이** 혹은 **물론이죠**란 뜻이다.
알다시피 pleasure는 please 기쁘게 하다의 명사형이다. pleasure가 즐거운 경험을 가리킬 때는 셀 수 있는 명사가 된다.

Track 11

WORKING HERE IS A JOY

여기서 일하는 것은 즐겁군요

Andy   So **how do you feel**[1] after your first week?

Kelly   Wonderful. Working here is **a joy**[2].

Andy   I think so, too. Mr.Hanson really tries to **encourage**[3] a positive work ethic.

Kelly   I think it **pays off**[4]. Everyone I've **come into contact**[5] with seems happy.

Andy   It's true. Most of us really like to come to the office.

A   첫 주가 지났는데 기분이 어떠세요?
K   너무 좋습니다. 여기서 일하는 것은 즐거워요.
A   저도 그렇게 생각합니다. 핸슨 씨는 사람들이 즐겁게 일할 수 있도록 노력하죠.
K   성과가 있는 것 같아요. 제가 만난 사람들은 모두 만족해하는 것 같습니다.
A   맞아요. 거의 모두가 사무실에 나오는 걸 정말 좋아해요.

영어가 재밌다!!

1 how do you feel

▶ He **feels** that they have made a big mistake.
그는 그들이 큰 실수를 했다고 생각한다.

▶ I woke up the next day **feeling terrible**.
다음날 깨고 나서 기분이 너무 안 좋았다.

▶ She **feels trapped** in the job.
그녀는 일에 얽매인 듯한 느낌이 들었다.

feel은 만지다, 느끼다, 생각하다의 뜻이다. 지각/감각의 의미로 쓰일 때 feel은 진행형을 쓸 수 없다. 기분 inside feeling을 뜻할 때는 진행형을 쓴다. 배고픔을 느끼다라고 할 때 I felt very hungry라고 해야지 I felt hungrily라고 하면 틀린다. 즉 be, look, seem, smell, sound, taste와 같이 feel 다음에는 형용사를 쓴다.

2 a joy

joy가 어째서 셀 수 있는 명사로 쓰였을까? joy는 행복이나 기쁨 등의 감정을 나타낼 때는 셀 수 없는 명사이다. 하지만 기쁨과 행복을 주는 사물/사건을 언급할 때는 셀 수 있는 명사가 된다. kindness, success, failure가 평소에는 추상 명사였다가 특정 행위나 사건을 가리키면 보통명사로 변신하는 단어들이다.

3 encourage

encourage는 격려하다란 동사로서 encourage + 목적어 + to부정사의 형식으로 쓰인다. encourage란 동사는 en + courage 용기의 구조를 가진 파생어이다.
en은 동사를 만들어주는 접사로서 어근의 앞에도 쓰이고 뒤에도 쓰인다. enjoy 즐기다는 en이 앞에 쓰인 예이고, strengthen 강하게 하다은 en이 뒤에 쓰인 예이며, enlighten 깨우치다, 계몽하다은 앞뒤에 모두 쓰인 예이다.

4 pay off

▶ They took a hell of a risk but it **paid off**.
그들은 대단한 위험부담을 안고서 시작했지만 성공을 거뒀다.

pay off는 성과가 있다, 효과를 얻다, 수지가 맞다, 성공하다 be successful, 봉급을 주고 해고하다의 뜻이 있다.

5 come into contact

come in contact with는 ~와 연락하다, 접촉하다의 뜻이다. 이와 비슷한 표현으로는 get in touch with가 있다.

I HAD THE TIME OF MY LIFE
생애 최고의 시간을 보냈어요

Sandra How was your vacation?

George I had the time of my life[1].

Sandra Really? What was so great about it?

George I loved the mountains. We went **hiking and climbing**[2] a lot.

Sandra Sounds like you **had a lot of fun**[3].

George I just **had a ball**[4].

S 휴가 어땠어요?
G 생애 최고의 시간을 보냈어요.
S 정말이에요? 무엇이 그렇게 좋았는데요?
G 산들이 정말 좋았어요. 우리는 하이킹도 많이 하고 등산도 많이 했어요.
S 굉장히 재미있었던 것 같네요.
G 끝내주게 좋았다니까요.

1 have the time of my life

> ▸ The kids **had the time of their lives** at the waterslide.
> 아이들은 물미끄럼판에서 아주 즐겁게 지냈다.

have the time of one's life는 have a very enjoyable time 매우 즐거운 시간을 보내다의 뜻이다. 흔히 많이 쓰이는 표현으로는 have a good time 즐겁게 지내다이 있으며 반대표현은 have a bad[terrible] time 혼이 나다이 있다. 이럴 때의 have는 경험하다, 겪다의 의미이다.

2 hiking and climbing

> ▸ He wants to **hike** the Himalayas.
> 그는 히말라야에 하이킹을 가고 싶어 한다.

하이킹이라고 하면 단순히 자전거 타고 여행하는 것이라고 착각하기 쉽지만 사실 영어 hiking은 장시간 시골길이나 산을 도보 여행하는 것을 말한다.

3 had a lot of fun

> ▸ We **had a lot of fun** at the picnic.
> 우리는 소풍가서 재밌게 놀았다. → 소풍은 정말 즐거웠다

즐겁게 지내라고 할 때 Have a nice time이라고 해도 되지만 간단하게 Have fun이라고도 한다. 위 대화문은 fun을 강조하는 a lot of도 함께 쓰였다.

4 have a ball

> ▸ We **had a ball** at the party last night.
> 지난밤 파티는 너무나 즐거웠다.
> ▸ We need an assistant who's really **on the ball**.
> 우리는 정말 유능한 조수가 필요하다.

ball은 공, 혹은 둥근 것 눈알, 탄알이란 뜻 말고도 무도회란 뜻도 있다. Get on the ball이란 숙어는 방심하지 말고 계속 열심히 하라란 뜻이다. on the ball 자체가 기민하게, 빈틈없이란 뜻이기 때문이다.
have a ball은 멋진 시간을 보내다 have a very good time란 뜻이다.

DIALOGUE 4 Track 11

MY KIDS WILL BE JUMPING UP AND DOWN
우리 애들이 기뻐 날뛸 거예요

Andy   What's all the **hullabaloo**[1] about in the street?

Kelly   A big circus parade is **going by**[2].

Andy   I **remember**[3] how thrilled I was to go to the circus as a kid.

Kelly   My kids will be **jumping up and down**[4] when they hear there's a circus in town.

Andy   A circus is really exciting for a kid.

Kelly   For me, too!

A   거리가 왜 저렇게 왁자지껄하죠?
K   거대한 서커스 행렬이 지나가고 있어요.
A   어렸을 때 서커스에 가면 얼마나 흥분됐는지 기억나는군요.
K   우리 애들도 마을에 서커스가 왔다는 소식을 들으면 기뻐 날뛸 거예요.
A   애들에겐 서커스가 정말 흥미롭죠.
K   저한테도 그래요!

1 hullabaloo
> There was a huge **hullabaloo** over the film in the press.
> 언론에서 그 영화에 대해 엄청난 소란이 있었다.

hullabaloo는 대체로 단수로 쓰이는 명사로서 **소동** uproar이란 뜻이다. 놀랍고 충격적인 일이 일어나는 바람에 나오는 말이나 신문 기사를 일컫는다. 혹은 많은 사람들이 내는 소란스런 소리 noise를 말하기도 한다.

2 go by
> Two years **went by**.
> 2년이 지났다.

> Don't let a good opportunity **go by**.
> 좋은 기회를 놓치지 마라.

> Don't **go by** that old map; it's out of date.
> 그 낡은 지도를 믿지 마. 너무 오래됐어.

go by는 몇 가지 뜻을 내포한 숙어이다. 우선 **~옆을 지나다**, 시간이 **경과하다**, 잠시 들르다, ~에 따라 행동하다, ~를 보고 판단하다의 뜻이 있다. 이 대화문에서는 첫 번째 뜻으로 쓰였다.

3 remember
> I just **can't remember** how the film ended.
> 그 영화 끝이 어땠는지 기억이 안 나.

> I'll always **remember** the night we first met.
> 나는 우리가 처음으로 만난 밤을 항상 기억할 거야.

remember가 기억을 떠올리다는 뜻일 때에는 can/could와 어울리지만 그런 기억/추억을 간직하고 있다는 뜻일 때에는 어울리지 않는다.

4 jump up and down
> You don't have to **jump for joy**, but at least smile!
> 기뻐 날뛸 거야 없지만 적어도 미소는 지어야지!

쌍으로 함께 따라 다니는 구가 있다. up and down 위아래로, to and fro 이리 저리로, 앞뒤로, here and there 여기저기서 가 그러하다. jump up and down은 **위아래로 점프**한다는 직역에서 연상할 수 있듯이 너무나 **기뻐서 펄쩍펄쩍 뛰는** 것을 말한다. 혹은 그냥 아이들이 침대 위에서 뛰어 다니는 것을 말하기도 한다. jump for joy는 위 대화문의 jump up and down을 대체할 수 있는 표현이다.

I'M ON CLOUD NINE

날아갈 것 같은 기분이야

Susan   Darling, I'm **on cloud nine**[1].

Jesse   Me too. I'm **ecstatic**[2].

Susan   I never knew being married would **make**[3] me so happy.

Jesse   We're **as happy as clams**[4].

Susan   I wish our honeymoon didn't have to end.

Jesse   We'll take this joy back home with us—don't worry.

S   여보, 정말 구름 위에 둥둥 떠 있는 기분이에요.

J   나도 그래. 정말 황홀해.

S   난 결혼하는 게 이렇게 행복할 줄은 몰랐어요.

J   정말 더할 나위 없이 행복해.

S   신혼여행이 끝나지 말았으면 좋겠어요.

J   이런 즐거움을 집으로 가지고 돌아가면 되잖아. 걱정 마.

1 on cloud nine

> ▸ Adam was **on cloud nine** after the birth of his son.
> 아담은 아들을 낳고서 희희낙락했다.

> ▸ Joe has been **under a cloud** since his dog died.
> 조는 개가 죽은 후 계속 풀이 죽어 있다.

너무나 기쁘고 행복해서 구름 위에[천상에] 둥둥 뜬 느낌이라고 표현할 때 I'm on cloud nine 이라고 한다. cloud nine은 미국 기상청이 9개로 나눈 구름의 최상층부를 일컫는다. 본래는 cloud seven이었다고 한다.

그렇다면 그 반대표현은 뭘까? 바로 I'm under a cloud 나는 풀이 죽어 있다 → 침울하다이다.

2 ecstatic

> ▸ His expression was one of pure **ecstasy**.
> 그의 표정은 완전히 황홀경에 빠진 모습이었다.

기뻐서 황홀할 지경은 ecstatic 무아경의, 황홀한이라고 한다. 명사형은 ecstasy 무아경, 황홀, 환희의 절정이다. be in an ecstasy for joy는 미칠 듯이 기뻐하다란 뜻이다.

3 make

> ▸ They **made him take** the examination again.
> 그들은 그가 다시 시험을 보게 했다.

> ▸ I didn't **see him come** in.
> 나는 그가 들어오는 걸 보지 못했다.

> ▸ Could you **help me push** the car?
> 차 미는 걸 도와주시겠어요?

make가 5형식으로 쓰일 때에는 make + 사람/사물 + 원형부정사 즉 동사원형이나 make + 사람/사물 + 형용사 목적 보어의 구문으로 쓰인다. 목적 보어로 동사 원형을 취하는 동사로는 let, see, hear, feel, watch, notice가 있다. help도 구어체에서는 이런 동사 부류에 속한다.

4 as happy as clam

clam은 대합조개이다. 미국 구어체에서 clam은 자기 느낌이나 생각을 말하지 않는 사람을 일컫는다. 여기에서는 입을 다물지 못할 정도로 기쁘고 행복한 상태를 as happy as a clam이라고 표현했다.

147

③ 슬픔과 괴로움 ⟨SADNESS⟩

It's tragic

He's still grieving over it
You look pretty down
You look so sad
You look unhappy
You've seemed troubled

 Track-12

⟨ WARMING UP ⟩

It's tragic

George   Susan lost her job.

Sandra   I was told her boyfriend left her.

George   It's tragic.

WORD

lose 잃다, 지다   job 일, 직업

left leave의 과거형, 떠났다   tragic 비극적인

G 수잔이 일자리를 잃었대요.
S 남자친구가 그녀를 떠났대요.
G 일이 참 딱하게 됐군요.

148

A −° He lost his home in a flood.

B −° Right now, he's practically inconsolable.

그는 홍수로 집을 잃었어.
지금 무척 슬픔에 잠겨 있겠군요.

A −° Her husband died last week.

B −° This will be a difficult period of mourning for her.

그녀의 남편이 지난주에 죽었어요.
그녀에게는 지금이 힘든 애도 기간이겠군요.

A −° The whole family was killed in the car accident.

B −° What a tragedy!

가족 모두가 자동차 사고로 목숨을 잃었어요.
정말 비극이군요!

A −° I have some sad news. Aunt Sadie died about 4 this morning.

B −° Well, she won't suffer any more, at least.

슬픈 소식이 있어. 새디 이모가 오늘 새벽 4시경에 돌아가셨어.
그럼, 적어도 더 이상 고통은 없으시겠군요.

영화 〈길버트 그레이프〉의 원제가
"Who's eating Gilbert Grape?"던데
무슨 뜻인가요?

A 주인공 길버트는 엄청난 몸집의 어머니, 정신박약아 남동생 어니 그리고 누나와 여동생을 책임지고 있는 가장입니다. 여기서 eating은 먹는 게 아니라 길버트의 마음을 갉아먹는 즉, 그의 마음을 괴롭힌다는 뜻입니다. 그래서 우리말로 그대로 옮기면 〈누가 길버트 그레이프를 괴롭히는가?〉가 되겠지요.

HE'S STILL GRIEVING OVER IT

그는 그것 때문에 마음 아파하고 있어요

George I heard what happened to Tony.

Sandra Yes. Tony's grandmother **passed away**[1].

George That's too bad.

Sandra He's **still**[2] grieving **over**[3] it.

G 토니에게 무슨 일이 일어났다는 얘기를 들었어.

S 그래. 토니의 할머니가 돌아가셨어.

G 안됐구나.

S 그것 때문에 그는 아직도 마음 아파해.

1 passed away

한 단어	<u>die</u>, fall, <u>perish</u>, decease
두 단어	<u>pass away</u>, peg out(s), pop off(s)
세 단어	<u>kick the bucket</u>(s), <u>bite the dust</u>, breath your last, cease to exist, lose your life
네 단어	give up the ghost, lay down your life, come to the end

(s) : slang(속어) 표시임. ※ 밑줄 : 자주 쓰이는 표현.

die 이외에도 죽다라는 표현은 많다. die보다는 pass away가 죽은 사람에 대한 예의를 담은 표현이다.

2 still

▸ She's **still** asleep.
그녀도 아직도 잠자고 있다.

A : Has Sally arrived?
샐리 도착했어요?

B : **Not yet.**
아직요.

still은 아직도, 여전히란 뜻의 부사이다. still은 과거가 아니라 현재의 일, 아직 끝나지 않은 일에 대해 얘기할 때 쓰인다.
우리가 기다리고 있는 미래의 일은 Not yet을 쓴다. 의문문에서 yet은 시제 관계없이 쓰인다. already는 현재나 과거에 일어나는 일을 언급할 때 쓰인다.

3 grieve over

▸ People need time to **grieve** after the death of a loved one.
사랑하는 사람이 죽고 나면 슬퍼할 시간이 필요하다.

▸ The family **grieved** the loss of its only son.
가족 모두가 외아들의 죽음을 슬퍼했다.

grieve는 슬프게 하다, 몹시 슬퍼하다, 울다란 뜻을 갖는다. 위 대화문에서는 자동사로 쓰인 grieve의 명사형은 grief이며 형용사형은 grievous이다. grieve와 대체할 수 있는 표현으로는 feel grief 슬픔을 느끼다, mourn 애도하다, lament 애석해하다, wail 비탄하다, weep 울다 이 있다. 슬픔을 일으키는 그 대상을 표현하기 위해서는 목적어로 직접 취하거나 grieve over + ~이라고 하면 된다.

DIALOGUE 2 Track 12

YOU LOOK PRETTY DOWN
정말 침울해 보여요

Kelly	What's the matter, Andy? You look pretty down[1].
Andy	It's nothing.
Kelly	Come on, you can tell me.
Andy	Don't worry about it. It's none of your business[2].
Kelly	Andy, I'm your friend. I work with you.
Andy	OK. If that's how[3] you feel about it.

K 무슨 일이야, 앤디? 기분이 안 좋아 보여.
A 별 것 아니야.
K 왜 그래, 나에게 말해봐.
A 걱정하지 마. 너와 관계없는 일이니까.
K 앤디, 난 네 친구야. 같이 일하고 있잖아.
A 알았어. 네가 정 그렇게 생각한다면.

수리야 나도
영어 공부할래!

1 **down**
- Andy's been feeling **down** lately.
  최근 앤디의 기분은 가라앉아 있다.
- Three exercises **down** and two to go.
  3게임이 끝났고 2게임 남았다.

down은 부사, 전치사, 형용사로 쓰인다. 물론 위 대화문에서 down은 형용사로 쓰였으며 **슬픈** sad의 의미이다. 형용사로서 down은 이외에 **끝난** done, **컴퓨터가 다운된** not working의 뜻을 갖고 있다. 다운된 컴퓨터 화면이 다시 뜨는 것은 up이라고 한다.

2 It's none of your business
- **It's none of your business** how much I weigh.
  내 몸무게가 얼마인지는 네가 상관할 문제가 아냐.

It's none of your business는 구어체로 **네 알 바 아니야** it's not your business 라는 뜻으로 쓰이며, 상대가 참견하고 꼬치꼬치 물어볼 때 상관하지 말라는 다분히 신경질 섞인 말투다. 사적인 일에 대해 물어보는 상대에게 대답하고 싶지 않다는 뜻을 밝히고 싶다면 Mind your own business 네 일이나 신경 써라고 한다.

3 that's how
- **That'how** I opened it.
  그 방법으로 나는 그것을 열었다.
- I hate crowds. **That's why** I don't like going downtown.
  나는 사람이 많은 것은 딱 질색이다. 그래서 번화가에는 가고 싶지 않다.

that's how~, that's why~의 해석을 주의하자. 영문을 무조건 뒤에서 해석해야 한다는 고정관념을 버리도록 한다. 이 경우는 앞에서 해석하는 게 좋은데, that's how~는 **그런 식으로 ~하는 것입니다**라고 해석한다. that's why~는 **그래서 ~인 것입니다**라고 해석한다.
That's what I feel은 그것은 내가 느끼는 것이다라고 딱딱하게 해석하지 말고 **그게 내 느낌이야**라고 하는 게 부드럽다.

DIALOGUE 3 Track 12

YOU LOOK SO SAD
너 아주 슬퍼 보이는구나

George   Sandra, you look so sad. What's wrong?

Sandra   I just heard my Aunt Elizabeth died.

George   **I'm so sorry[1].**

Sandra   **It makes me so sad to[2] think of her poor husband.**

George   **Did they have any children[3]?**

Sandra   **They never did. He's going to be inconsolable.**

G   산드라, 너 아주 슬퍼 보이는구나. 왜 그러니?
S   엘리자베스 고모가 돌아가셨다는 소식을 막 들었어.
G   정말 안됐구나.
S   불쌍한 고모부를 생각하면 너무나 슬퍼.
G   자식들은 없으셨니?
S   없으셨어. 고모부는 위로할 수 없을 만큼 애통해하실 거야.

1 I'm so sorry

▸ **I'm so sorry about** all the mistakes.
실수해서 정말 죄송해요.

▸ **I'm sorry about/for** taking so long to answer your letter.
답장이 늦어져서 미안해요.

be sorry about + 명사/대명사와 be sorry for[about] + doing~ 을 기억하자.

2 make 5형식

▸ **It makes me so angry** to see children being treated like that.
아이들이 그런 대우를 받는 것을 보면 너무 화가 난다.

▸ The decision **made her very unpopular** with the staff.
그 결정으로 그녀는 간부사원에게 인기가 떨어졌다.

▸ The heavy rain **prevented** us **from** going on a picnic.
폭우 때문에 우리는 피크닉에 갈 수 없었다.

make는 물건을 **만들다**라는 기본적인 뜻 외에 사역시키다의 뜻을 갖고 있다. make의 주어, 즉 시키는 주체가 사람일 수도 있지만 위 대화문처럼 사물이나 상황인 경우는 주어를 이유 혹은 원인으로 해석하는 게 낫다.
It makes me so happy는 그것 때문에 난 너무 행복해 ← 그것은 나를 아주 행복하게 만들어라고 한다. 이처럼 사물 주어는 이유로 해석되는 경우가 종종 있다.

3 any

▸ Do you have **any money?** money: 셀 수 없는 명사
너 돈 가진 거 있니?

▸ Do you have **any fifty-cent coins?** coins: 복수형의 셀 수 있는 명사
50센트짜리 동전 있니?

any는 대개 셀 수 없는 명사나 복수 형태의 셀 수 있는 명사와 함께 쓰인다. 즉, 셀 수 있는 명사의 단수 형태와는 안 쓰인다.
　　Has Tom found any job? (X)
　　Has Tom found a job? 톰이 일자리를 찾았나요?(O)
하지만 I'll accept any job I'm offered it does not matter which job인 경우는 any job이 맞다. 왜냐하면 이 문장에는 어떤 일자리라도 개의치 않겠다는 뉘앙스가 풍기기 때문이다.

YOU LOOK UNHAPPY

기분이 안 좋아 보이는구나

Kelly　What's the matter, Andy? You look unhappy.

Andy　Yeah, I'm pretty **bummed**[1].

Kelly　**What's going on**[2]?

Andy　Oh, my boss told me he's not real happy with my work.

Kelly　Gee, that's a **shame**[3]. Do you think you can **turn it around**[4]?

Andy　I'm going to try.

K　앤디, 무슨 일이니? 너 기분이 좋지 않아 보이는구나.
A　그래, 정말 기분이 엉망이야.
K　무슨 일인데 그래?
A　상관이 내가 한 일이 별로 만족스럽지 못하다고 말했어.
K　세상에, 그것 참 안됐구나. 바로 잡을 수 있을 것 같니?
A　노력해봐야지.

왜 울어?

김밥집이 문을 닫았어..

1 bum

> ‣ He spent a year **bumming around** Australia.
> 그는 일년 동안 호주에서 놀고 지냈다.

bum은 부랑자, 일은 안하고 스포츠나 놀이만 하는 사람, 공짜로 얻어내다, 을러 빼앗다의 뜻이다. 그러므로 bum around는 아무것도 안하며 시간 때우는 것을 의미하거나 사람들에게 돈을 꾸어가면서 무전여행을 다니는 것을 의미한다.
대화문에 나온 bummed는 1960년대 히피들 hippies 사이에서 유행하게 된 표현이지만 널리 쓰이지는 않는다. bummed는 낙담한, 불행한 unhappy의 뜻이다.

2 what's going on?

> ‣ As time **went on**, I grew very fond of him.
> 시간이 지날수록 난 그가 더 좋아졌다.
>
> ‣ **Go on** with your work until I come back.
> 내가 돌아올 때까지 일 계속하고 있으세요.
>
> ‣ How's the work **going on**?
> 일은 어느 정도 진행된 거야?

여기서 go on은 무슨 일이 생기다, 발생하다의 뜻이다. go on의 다른 뜻으로는 시간이 **지나다** pass, 멈추지 않고 **계속하다** continue, **진척되다** develop가 있다.

3 shame

> ‣ Anyone who steals from the poor should **be ashamed of** themselves.
> 가난한 자의 물건을 훔친 자는 부끄러움을 느껴야 마땅하다.

shame 수치심의 형용사 ashamed는 asleep, afraid와 마찬가지로 서술적으로만 쓰인다. ashamed는 나쁜 짓을 저질렀기 때문에 느끼는 **죄책감**이며 embarrassed는 일반적인 **부끄러움**을 말한다.

4 turn around

> ‣ In under three years she had completely **turned** the company **around**.
> 3년도 안 되어 그녀는 회사를 완전히 변화시켰다.

성공적이지 못했던 일을 다시 처리해서 성공적으로 만드는 것을 turn around라고 한다. 영국에서는 turn round라고 한다.

157

YOU'VE SEEMED TROUBLED
당신 괴로워 보였어요

Susan You've seemed troubled for the past few days. **Is anything wrong**[1]?

Jesse Well, **to tell you the truth**[2], I've been having a disagreement with my boss.

Susan Oh? What's **it all**[3] about?

Jesse Well, **to make a long story short**[4], my boss wants me to switch to the night **shift**[5], but I'd rather stay on the day shift.

Susan Well, it sounds like a serious disagreement. I hope you can **resolve it**,[6] Jesse.

Jesse So do I.

S 지난 며칠간 괴로워 보였어요. 무슨 일이에요?
J 저, 사실은 사장님과 의견이 안 맞아서요.
S 그래요? 무슨 일로요?
J 간단하게 말하면, 사장은 내가 야간근무로 바꾸길 바라고 있는데, 저는 그 냥 낮근무를 계속 하고 싶어서요.
S 정말 심각하게 의견이 안 맞는군요. 문제를 잘 해결했으면 좋겠네요, 제시.
J 저도 마찬가지에요.

공부에 빠져서 더이상
김밥을 말수가 없어 미안해 수리

1 Is anything wrong?

A : **What's wrong?** 무슨 일이야?
B : Oh, I'm just a bit worried about tomorrow.
그냥 내일 일이 좀 걱정돼.

상대의 표정을 보고 무슨 안 좋은 일이 일어났음을 감지하고 무슨 일이야?라고 묻는 표현이다. 비슷한 표현으로 What's wrong?, What's the matter?, What's going on?, What's bothering you?가 있다.
What's wrong?은 어떤 물건이 제대로 작동이 되지 않는 문제가 발생했을 때도 쓴다. 어떤 하자도 없다고 할 때는 There's nothing wrong이라고 한다.

2 to tell you the truth

> Well, **to tell you the truth**, I've never really liked you.
저, 사실은 말야, 널 별로 좋아하지 않아.

to tell(you) the truth 사실, 실은 는 자신의 개인적인 의견을 피력하거나 뭔가를 인정하려고 할 때 쓰이는 구어체 표현이다.

3 it all

it all이든 all of it 어느 것도 괜찮다. 다만 everything을 의미할 경우 all만 단독으로 쓸 수는 없다.

4 to make a long story short

to make a long story short 간단히 말해서는 미국에서 쓰이는 구어체로서 이야기를 빨리 끝내고자 할 때 쓰인다. 영국에서는 to cut a long story short이라고 표현한다. 이와 비슷한 표현으로 briefly, shortly가 있다.

5 shift

> Do you **shift** work? 당신은 교대 근무하나요?

shift는 동사로 쓰일 때 옮기다 move라는 뜻이다. 명사로 쓰일 때는 변화 change, 근무 조 병원이나 공장를 뜻한다.

6 resolve

> After the divorce she **resolved** never to marry again.
그녀는 이혼하고 나서 절대 다시는 결혼하지 않겠다고 결심했다.

resolve는 해결하다, 명사형은 resolution이다. resolution은 해결, 확고한 결의, 결심의 뜻이다. resolve의 다른 표현으로는 settle, work out이 있다.

159

 **④ 고마움** THANKS

Thanks a lot

I owe you one
I'm very grateful to you
I'm truly indebted to you
I appreciate it very much
Thank you from the bottom of my heart

 Track-13

 **WARMING UP**

Thanks a lot

Sandra Here's something for you, George.

George For me? Thanks a lot.

Sandra Think nothing of it.

WORD

Here is~ 여기 있어요   for you 당신을 위하여
think nothing of it 별 거 아니에요

S 이건 당신에게 드리는 거니 받으세요, 조지.

G 저에게요? 고마워요.

S 뭘 그런 걸 가지고요.

160

A –∘ Thank you so much for your help.

B –∘ It was my pleasure.

도와줘서 정말 고마워요.
천만에요.

A –∘ Thanks for everything. It was a great dinner.

B –∘ We're glad you could come.

모든 게 고마워요. 훌륭한 저녁이었어요.
당신이 와줘서 기뻐요.

A –∘ Thanks a million for all you've done for me.

B –∘ No problem. I was glad to do it.

이렇게 제 일을 도와주셔서 진심으로 감사드려요.
별거 아니에요. 제가 좋아서 한 일인 걸요.

A –∘ I know you're busy, Mom, so I did the dishes.

B –∘ That's so kind of you, honey. Thanks!

엄마가 바쁘다는 걸 알아서 설거지는 제가 했어요.
너무나 고맙구나, 얘야. 고맙다!

열심히 일을 했는데도 **"헛수고가 될 때"**가 있습니다.
영어로는 뭐라고 하는지 궁금하네요.

A go down the drain입니다. drain은 하수구, 배수관이란 뜻입니다. 그래서 go down the drain은 도랑으로 빠지다라는 뜻에서 헛수고가 되다라는 뜻이 되었습니다. 비슷한 표현으로 go up in smokes가 있습니다. 연기가 되어 올라가는 거니까 결국 갑자기 없어지다, 사라지다라고 해석이 됩니다.

I OWE YOU ONE
신세 말았습니다

Sandra **Thanks for**[1] listening. I didn't have anyone else I could **talk to**[2].

George **Anytime.** I **understand**[3] how complicated relationships can be.

Sandra **Well, I owe you one**[4].

S 내 얘기 들어줘서 고마워. 같이 얘기 나눌 사람이 없었어.

G 언제라도 좋아. 관계가 얼마나 복잡할지 이해가 돼.

S 너한테 한번 신세졌네.

영어공부 끝나면
다시 김밥 말아줄게!

앗 정말??

1 thank for

▸ Mac and Joe ran to **thank** their aunt **for** the present.
맥과 조는 숙모에게 달려가 선물 주셔서 고맙다고 말했다.

고마움을 전할 때 기본표현은 Thank you이다. 조금 더 정중하게 하면 Thank you very much이고 약간 가볍게는 Thanks a lot 이다. 간단히 말할 때는 Thanks라고 한다. 무엇이 고마운지 그 대상을 말할 때는 for를 써서 나타낸다. 도와준 게 고맙다면 Thank you for helping me Thank you for your help라고 한다.

2 talk to

▸ The old man had an armchair to **sit in**.
움푹 들어가기 때문에 in을 씀
그 노인한테는 팔걸이 의자가 있었다.

관계대명사 절이 선행사를 수식하거나 to부정사가 앞 명사를 수식할 때 동사에 붙어 있는 전치사를 빠뜨리지 말아야겠다. I have a chair to sit on 내게는 앉을 책상이 있다의 on, I have a pen to write with 내게는 글을 쓸 수 있는 펜이 있다의 with, I have a house to live in의 in은 의미상 없어서는 안 된다.

3 understand

▸ After twenty years of marriage, we still don't **understand** each other.
결혼한 지 20년이 되었지만 우리는 아직도 서로를 이해하지 못한다.

understand 이해하다는 타동사이다. about을 취하지 않는다.

4 I owe you one

▸ I **owe** my brother $50.
난 오빠한테 50달러를 갚아야 한다.

▸ I knew that I **owed** Sharon my life.
샤론에게 은혜를 입고 있음을 난 알고 있었다.

I owe you one은 이미 상대가 도움을 주어서, 혹은 기꺼이 도와줄 의향을 내비쳤을 때 신세 졌습니다라는 의미로 쓰인다. 비슷한 표현으로 I'm very much obliged to you, Much obliged, You've been a big help가 있다. owe는 빚지고 있다, 은혜를 입고 있다의 뜻이므로 A owe B C는 A는 B에게 C를 빚지다로 해석한다.

DIALOGUE 2

I'M VERY GRATEFUL TO YOU
너무나 감사 드려요

Sandra   You know, I keep forgetting to thank you for lending[1] me your calculator.

George   Oh, it was nothing[2].

Sandra   No, I mean it[3]! It was very nice of you to[4] lend it to me. I'm very grateful to you.

George   I'm glad I could do it.

S   저기요, 계산기를 빌려줘서 고맙다는 말을 해야하는데 계속 잊어버렸어요.
G   아, 별거 아니에요.
S   아뇨, 정말이요! 제게 그걸 빌려주시다니 정말 친절하세요. 너무나 감사드려요.
G   도움이 되었으니 저도 기쁘군요.

아줌마도 이제 샬라샬라 되는거야?

샬라샬라~

1 lend

▸ Can you **lend** me $20 till Friday?
금요일까지 20달러 빌려줄 수 있니?

▸ Can I **borrow** a pen for a minute?
잠깐 펜 좀 빌릴 수 있을까요?

lend는 빌려주는 사람을 주어로, 빌리는 사람을 목적어로 취한다. rent는 방이나 차를 빌릴 때 쓰인다. borrow는 빌리는 사람이 주어, 빌리는 물건이 목적어이다.

2 It was nothing

천만에요 You're welcome / Don't mention it / Not at all / It's nothing (at all) / It's my pleasure / The pleasure is mine
도움이 되어서 기뻐요 I'm glad to be of help
언제라도 부탁하세요 Any time
마음에 두지 마세요 Never mind / Forget it

상대방이 Thank you라고 했을 때 위와 같은 표현을 쓸 수 있다.

3 mean it

▸ We've heard these threats before, but I think he **means it** this time.
이런 위협은 전에도 들어봤지만 그는 이번엔 진짜인 것 같아.

mean it은 말할 때나 글을 쓸 때 그 목적이 진지함을 보이기 위해 쓰인다. No, I mean it!은 No really!나 No, honestly!로 바꿔 쓸 수 있다.

4 It was very nice of you to

▸ It was nice **of** you **to** help.
도와주셔서 감사합니다.

▸ It is unusual **for** Michael **to** get cross.
마이클이 기분이 언짢다니 이상하네요.

가주어 it을 사용한 문형이다. it은 가주어이고 of you는 의미상의 주어이며 to이하는 진주어이다. 보통 의미상 주어는 for + 목적격으로 나타내지만 it과 of사이에 들어가는 형용사가 사람의 성격을 나타낼 경우엔 of + 목적격으로 나타낸다.
It's very nice of you to + 동사 원형은 ~하시다니 참 친절하시군요 → 고맙습니다 라고 해석하며, I'm very grateful to you, I really appreciate it, I appreciate it very much와 바꿔 쓸 수 있다.

DIALOGUE 3 Track 13

I'M TRULY INDEBTED TO YOU
정말 고마워

Andy　Thanks for taking my meeting. I'm truly indebted to you[1].

Kelly　It was nothing. The clients were very understanding. They asked about[2] you and wished you well[3].

Andy　That's great. If there's anything[4] I can do for you, just let[5] me know.

Kelly　Really. I was happy to help.

A　나대신 회의를 맡아줘서 고마워. 정말 고마워.
K　별거 아니야. 의뢰인들이 이해를 많이 했어. 네 안부를 물으면서 빨리 나으라고 하던데.
A　다행이다. 만약 내가 도와줄 일 있으면 나한테 알려줘.
K　물론 그럴게. 도움이 돼서 나도 기뻐.

이제 외국인 만나면 얼지말고!

1 be indebted to you

> I am **indebted to** my husband **for** helping me edit the book.
> 남편이 도와준 덕분에 책 편집을 할 수 있었다.

indebt는 ~에게 빚을 지게 하다, ~에게 은혜를 입히다는 뜻이다. 그러므로 I'm indebted to you for it은 당신 덕택입니다라는 뜻이다.

2 ask about

> He called me to **inquire after** my daughter.
> 그는 내게 전화를 해서 내 딸의 안부를 물었다.

ask about은 ~에 관해 묻다이지만 이 대화문에서는 ask after inquire after의 뜻, 즉 ~의 안부를 묻다에 더 가깝다.

3 well

> You're looking **well**, the vacation obviously did you good.
> 건강해 보이는구나. 휴가가 너한테 좋긴 좋았나봐.

good은 좋은이란 뜻이지만 well은 건강이 좋은이란 뜻이다. well은 부사로도 쓰이지만 이럴 때는 형용사이다.
인사로 How are you?라고 물었을 때 I'm fine 혹은 I'm well이라고 대답한다.

4 anything

> **Everybody** in the class speaks Korean.
> 모든 학생들이 한국어를 한다.

somebody, someone, something은 긍정문에 쓰이는 반면 anybody, anyone, anything은 의문문과 부정문 그리고 조건문 if에 쓰인다.
그리고 somebody, anybody, something, anything은 단수 취급한다. 그래서 의미상 단체에 있는 사람들 모두를 가리킬 때에는 everyone 혹은 everybody를 써야한다. 하지만 someone은 대개 they로 받는다. any에는 무엇이든 상관없다 혹은 좋아하는 것은 아무거나 라는 의미가 담겨있다.

5 let의 5형식

> She won't **let her children play** by the river.
> 그녀는 아이들이 강가에서 노는 걸 허락하지 않는다.

let은 ~하게 하다라는 뜻으로 make, have와 더불어 사역동사에 속한다. let + 목적어 + 원형부정사 구문을 취한다. 준사역동사인 help도 구어체에서는 이와 같다.

167

DIALOGUE 4 Track 13

I APPRECIATE IT VERY MUCH
정말 감사합니다

Kelly   Thank you for seeing me **on such short notice**[1].

Andy   No problem at all. **What can I do for you**[2]?

Kelly   I would like your opinion on this article.

Andy   Fine. I'll **read**[3] it and get back to you.

Kelly   Thank you for your help. **I appreciate it very much**[4].

Andy   You're welcome.

K   이렇게 불시에 만나주셔서 고맙습니다.
A   별말씀을요. 무슨 일이세요?
K   이 기사에 대한 선생님의 의견을 싣고 싶은데요.
A   좋습니다. 읽어보고 연락하겠습니다.
K   협조해주셔서 감사합니다. 정말 감사합니다.
A   천만에요.

표현사전 덕에 지루하지
않게 공부할 수 있었어!

1 notice

▸ You can't expect me to produce a meal **at a moment'
 s notice**.
 저에게 순식간에 음식을 만들어내라는 것은 무리입니다.

notice는 알아채다, 주의하다는 뜻의 동사로 많이 쓰이지만 대화문에서는 **통지, 예고**
warning, time to prepare란 뜻의 명사로 쓰였다. 그래서 at[on] short notice at
a moment's notice는 **충분한 예고 없이, 급히**란 뜻이 된다.

2 What can I do for you?

▸ Here, let me **help** you with your coat.
 자, 코트 입는 걸 도와 드릴게요.

공공기관에 가거나 혹은 상점에 물건을 사러 갔을 때 직원이 당신에게 What can I
do for you? 무엇을 도와 드릴까요?라고 물어볼 수 있다. 물론 이밖에 May I help
you?, Can I help you?, Is there anything I can help?라고도 할 수 있다.
위험한 상황에 처해있을 때 영어로는 Help! 혹은 Help me!라고 한다.

3 read

▸ I can't **read** Spanish but I can speak it very well.
 난 스페인을 읽을 줄은 모르지만 말은 잘 한다.

▸ Daddy, will you **read** me a story?
 아빠, 이야기 책 읽어주세요.

▸ I **read** her reply as a refusal.
 나는 그녀의 대답을 거절로 받아들였다.

read는 동사로서 **책을 읽다, 의미를 이해하다, 숫자를 보다, 대학에서 과목으로 공부**
하다라는 뜻이다. 시제 관계없이 모든 시제에서 read로 쓰인다.

4 I appreciate it very much

▸ I would **appreciate** it if you would turn the music down.
 음악을 줄여주시면 감사하겠습니다.

▸ Her abilities are not fully **appreciated** by her boss.
 그녀는 사장에게 능력을 충분히 인정받지 못하고 있다.

appreciate는 **가치, 진가를 인정하다,** 문학, 예술 따위를 **감상하다, 감사히 여기다**의 뜻이다.

DIALOGUE 5 Track 13

THANK YOU FROM THE BOTTOM OF MY HEART
진심으로 감사드립니다

Susan   **Thank you from the bottom of my heart**[1] for saving my little girl's life.

Jesse   **Anybody would have done the same**[2].

Susan   **Julie and I are so thankful that you were there when she fell into the pool.**

Jesse   **Thank God**[3] **I stopped by just then.**

Susan   **I can't tell you how much I appreciate what you've done**[4].

Jesse   **I'm just happy I could help.**

S   제 어린 딸의 생명을 구해 주신데 대해 진심으로 감사드립니다.
J   누구라도 그렇게 했을 텐데요 뭘.
S   줄리가 웅덩이에 빠졌을 때 선생님께서 그곳에 계셨던 것에, 줄리와 저는 너무 감사해요.
J   바로 그 때 제가 들렀으니 정말 다행이지요.
S   선생님께서 해주신 일에 얼마나 감사한지 말로 다 표현할 수가 없습니다.
J   저도 도움이 되어서 기쁩니다.

끝났어 얘들아~

1 from the bottom of my heart

> ▸ Sign your name **at the bottom of** the page.
> 페이지 하단부에 서명하세요.

> ▸ Higgins **started at the bottom** and worked his way up to managing director.
> 히긴스는 맨 밑바닥에서 시작해서 스스로의 노력으로 상무 이사직에 까지 올라갔다.

bottom은 맨 **밑바닥**을 뜻한다. 그건 눈에 보이는 마룻바닥을 의미할 수도 있고 직장에서의 말단직을 의미할 수도 있으며 마음에 빗댄다면 진심을 뜻하기도 한다.

2 Anybody would have + 과거분사

> ▸ Anyone else **would have been** too embarrassed.
> 다른 사람이라면 무척 당황했을 것이다.

갑자기 would have + 과거분사가 나와서 뭘까 궁금했을 것이다. anybody 앞에 If 절이 생략되어 있음에 유의한다. 원래 문장을 다 쓴다면 If there had been anybody, he[they] would have done the same 거기에 누군가 다른 사람이 있었다 해도 똑같이 했을 것이다 이다.
A pin might have been heard to fall on the floor라는 문장만 있다면 원래 문장은 If a pin had fallen on the floor, it might have been heard to 핀 하나가 떨어졌다면 그 떨어지는 소리도 들렸을 것이다 가 되겠다.

3 Thank God

> ▸ **Thank God** you're here!
> 이렇게 와주시니 고마워라!

> ▸ **Thank heaven** you've come.
> 잘 오셨습니다.

Thank God, Thank goodness, Thank heavens 이 모두가 매우 기뻤을 때 내지르는 탄성의 표현이다. 해석은 **고마워라, 이런 고맙게도**라고 한다.

4 I can't tell you how much I appreciate~

뭐라 감사의 말씀을 드려야 할 지 모르겠습니다라는 표현으로 극진한 고마움을 나타 낸다. I can't thank you enough! 어떻게 감사를 드려야할지! 도 비슷한 표현이다.

GO! 첫걸음 시리즈

누구나 쉽게 배우는 외국어 시리즈!

★ 4×6배판 / MP3 다운

★ 4×6배판 / 저자직강 MP3 다운
합본 부록 초간단 일본어 글씨본

★ 4×6배판 / 저자직강 MP3 다운
합본 부록 초간단 중국어 발음노트

★ 4×6배판 / MP3 다운

★ 4×6배판 / MP3 다운
합본 부록 광동어 발음의 모든것

★ 4×6배판 / MP3 다운
합본 부록 한국어-인도네시아어 단어장

한번에 OK!

· 단어면 **단어**
· 문법이면 **문법** 유추해서 끝내는 **영어 시리즈~**
· 회화면 **회화**

왕초짜 여행 시리즈

해외 여행을 떠날 때 꼭 필요한 왕초짜 여행시리즈!

왕초짜 여행 시리즈
계속 출간됩니다!

· 처음 해외 여행을 떠나는 분들을 위한 왕초짜 여행회화!

· 해외 여행시 꼭 필요한 문장들만 수록 우리말 발음이 있어서 편리!

· 상황에 따라 쉽게 골라쓰는 여행회화

· 도움되는 활용어휘, 한국어 · 외국어 단어장!

· 휴대하기 편한 포켓 사이즈!

이제는 여행~~
두렵지 않아요~

유창한 영어회화

MP3 무료 다운
English Usage

초간단

영어
표현

생활편

224

3판 1쇄 2023년 11월 5일
Editorial Director 김인숙

발행인 김인숙
Cover Design 김미선

발행처 디지스
Printing 삼덕정판사

서울시 노원구 공릉동 653-5

대표전화 02-963-2456
팩시밀리 02-967-1555
출판등록 제 제 6-694호
ISBN 978-89-91064-43-0

Digis에서는 참신한 외국어 원고를 모집합니다. **e-mail : webmaster@donginrang.co.kr**